Sabine Werner

Wolfgang Amadeus Mozart

Illustriert von **Fabio Visintin**

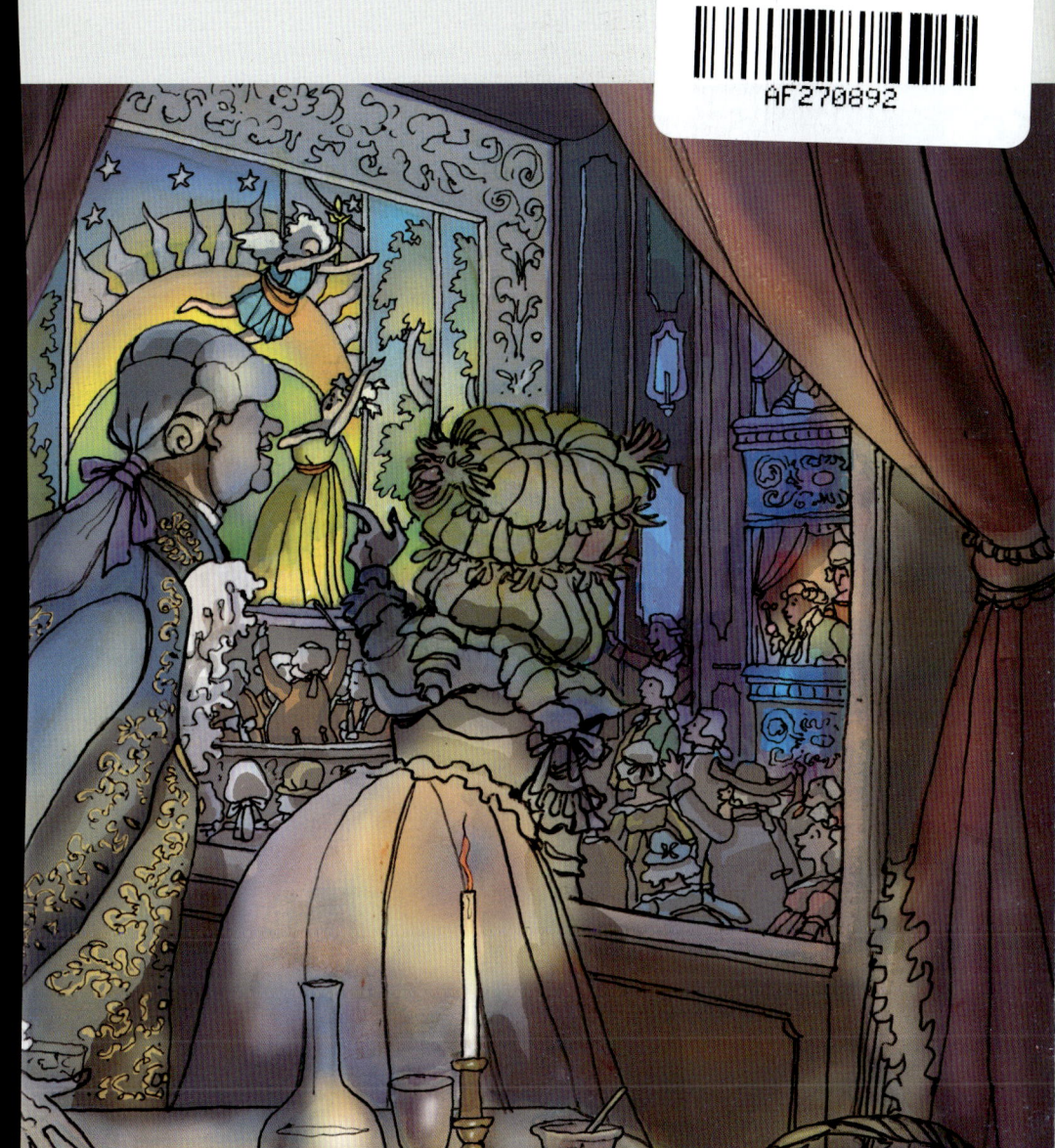

Redaktion: Jacqueline Tschiesche
Projektleitung und Graphik: Nadia Maestri
Computerlayout: Emilia Coari
Bildbeschaffung: Laura Lagomarsino

© 2007 Cideb Editrice, Genua

Erstausgabe: Januar 2007

Bildnachweis: *Ansicht von Salzburg* (18. Jh.): S. 5; Bernardo Bellotto,
Wien vom Belvedere aus (1759-1760), Kunsthistorisches Museum, Wien: S. 13;
A.H. Payne, *Ansicht von Augsburg* (1860): S. 22; Bernardo Bellotto, *Das
Palais Kaunitz-Esterházy, Wien* (1759-1760), Museum für Schöne Künste,
Budapest: S. 32; Bernardo Bellotto, *Piazza della Signoria, Florenz* (1742),
Museum für Schöne Künste, Budapest: S. 39; Bernardo Bellotto, *Blick
auf München* (1761), Staatsgemäldesammlungen, Residenzmuseum,
München: S. 48; Bernardo Bellotto, *Die Freyung von Südosten aus, Wien*
(1759-1760), Kunsthistorisches Museum, Wien: S. 56; Bernardo Bellotto,
Die kaiserliche Sommerresidenz Schloss Hof bei Marchegg, Wien (1759-1760),
Kunsthistorisches Museum, Wien: S. 67; © The Art Archive / Corbis:
S. 77; Peter Parler, *Ansicht von Prag* (19. Jh.), Privatsammlung: S. 80;
Bernardo Bellotto, *Schloss Nymphenburg von der Parkseite aus, München*
(1761), Bayerische Verwaltung der staatlichen Schlösser, Gärten und
Seen, Residenzmuseum, München: S. 88.

Wir würden uns freuen, von Ihnen zu erfahren, ob Ihnen dieses Buch
gefallen hat. Wenn Sie uns Ihre Eindrücke mitteilen oder
Verbesserungsvorschläge machen möchten, oder wenn Sie
Informationen über unsere Verlagsproduktion wünschen, schreiben Sie
bitte an:

www.cideb.it

ISBN 978-88-530-0607-3   Buch + CD

Gedruckt in Genua, Italien, bei Litoprint

Inhalt

Die CD enthält den vollständigen Text.

Das Symbol kennzeichnet den Anfang der Hörübungen.

Das Symbol kennzeichnet die Musikstücke von Mozart.

🎵 Auftakt

1 Suche auf der Karte von Österreich die Städte Linz, Innsbruck, Passau, Salzburg, Wien und Ybbs.

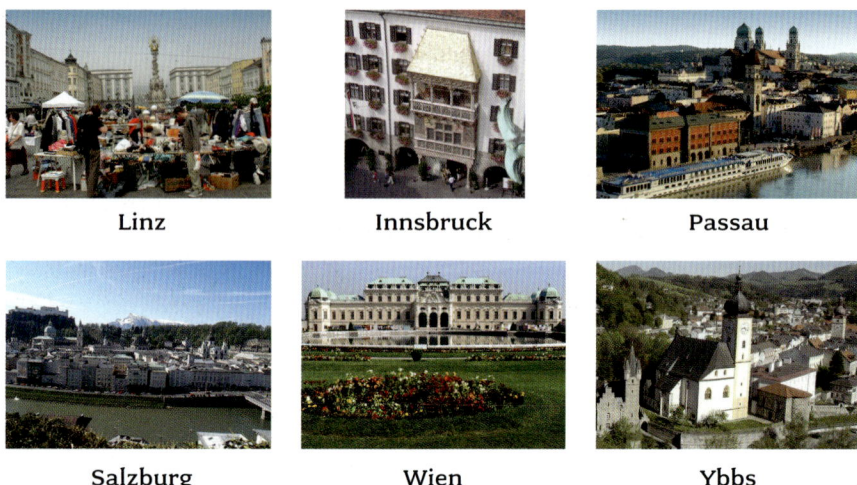

Linz · Innsbruck · Passau

Salzburg · Wien · Ybbs

Kapitel 1

Wolfgang Amadeus Mozart

Salzburg in Österreich. Es ist der 27. Januar 1756. Ein
Winterabend. Kalt ist es und es schneit.

Im Haus der Familie Mozart gibt es keine Ruhe. Ein Kind ist geboren. Sein Name: Johannes Chrysostomus Wolfgangus Theophilus. Aus Theophilus wird bald Amadeus. Das ist schöner, harmonischer. Aber alle sagen nur Wolferl zu ihm.

Familie Mozart lebt in Salzburg. Die Stadt hat weniger als 20000 Einwohner, ist provinziell und sehr konservativ.

Ein Fürstbischof[1] regiert hier, Siegmund von Schrattenbach. Sehr reich ist er nicht. Mozarts Vater arbeitet für ihn als Komponist. Die Mutter, Anna Maria, ist eine liebe Frau, einfach und lebhaft[2]. Sie arbeitet nicht.

---

1. **r Fürstbischof** ("e): religiöser Regent.
2. **lebhaft**: sehr aktiv.

Wolfgang Amadeus Mozart

Wolfgang hat auch eine Schwester. Sie heißt Marianne, aber man nennt sie nur Nannerl. Sie ist viereinhalb Jahre älter als Wolfgang. Mit sieben lernt sie beim Vater Klavier spielen. Da ist Wolfgang erst drei, aber er sitzt im Zimmer und hört zu.

„Ich will auch musizieren", sagt der Junge.

„Du bist noch zu klein!" antwortet die Mutter.

„Ich bin nicht zu klein!" protestiert Wolfgang. „Ich kann das auch!"

„Ja, ja." Die Mutter hört nicht auf ihn.

Aber Wolfgang hat Recht: Er ist nicht zu klein zum Musizieren. Er setzt sich ans Klavier. Mit seinen kleinen Fingern spielt er ein paar Noten.

„Versuchen wir's!" sagt sein Vater.

Jetzt darf auch Wolfgang das Klavierspiel lernen. Er lernt schnell. Bald kann er ein paar Motive spielen.

Mit vier lernt Wolfgang schon allein mit Hilfe eines Büchleins. Es ist Nannerls Übungsbuch, der Vater hat es ihr gegeben. Wolfgang hat schnell alles gelernt. Jahre später schreibt seine Schwester:

„Ich erinnere mich noch genau an diese Zeit. Wolfgang war vier und ich acht oder neun. Mein Vater erklärte ihm ein Menuett. Nach einer halben Stunde konnte er es spielen. Perfekt."

Eines Tages nimmt Vater Leopold Wolfgang und Nannerl zu einem Konzert mit. Das tut er oft, denn seine Kinder lieben Musik. Und natürlich spielen sie nicht nur gern, sie hören auch gern zu. An diesem Abend spielen die Geigen [1] nicht sehr gut.

---

1. **e Geige (n)**: siehe Übungen Seite 11.

Wolfgang Amadeus Mozart

Nach dem Konzert sagt der kleine Wolfgang zu seinem Vater:

„Die Geigen waren verstimmt[1]. Einen Viertelton."

Wolfgang hat Recht.

„Aber wie kann er das gehört haben?" fragt sich der Vater.

„Er ist doch erst vier!"

Ein paar Wochen später. Wolfgangs Vater hat Besuch. Es ist Johann Andreas Schachtner, er spielt Trompete[2] im Hoforchester.

Wolfgang sitzt am Tisch und schreibt etwas auf ein Blatt. „Guten Tag, Wolfgang", sagt der Besucher. Wolfgang antwortet nicht.

„Er ist so konzentriert, er hört mich nicht," denkt Schachtner.

Er geht zu dem Jungen und sieht ihm über die Schulter. Das sind Noten. Wolfgang schreibt Noten.

„Dein Sohn schreibt Musik", sagt Schachtner zu Wolfgangs Vater und lacht. Wolfgang ist ein kleiner Junge. Er ist erst fünf. Er muss noch viel lernen, dann kann er vielleicht ...

„Musik?" Leopold lacht auch. „Da schreibt er sicher etwas Schönes!"

Wolfgang ist fertig. Er steht auf und geht weg.

Sein Vater nimmt das Blatt vom Tisch. Er liest die Noten. Er sagt nichts. Er gibt das Blatt seinem Freund.

„Wie kann das sein?" fragt er.

„Ich kann es nicht glauben!" sagt Schachtner. „Das kann doch nicht sein, das ist ... das ist der Entwurf[3] für ein Konzert."

„Ja", sagt der Vater. „Leider kann das kein Mensch spielen.

---

1. **verstimmt sein**: (*hier*) nicht den richtigen Ton spielen.
2. **e Trompete(n)**: siehe Übungen Seite 11.
3. **r Entwurf ("e)**: Plan, Projekt.

Wolfgang Amadeus Mozart

Das ist zu schwierig. Ein Konzert."

Lacht er oder weint er?

Jeden Tag macht Wolfgang seine Übungen, stundenlang. Beim Musizieren sieht und hört er nichts anderes mehr. Er isst und trinkt nicht, er vergisst alles. Was ist das für ein Kind? Wolfgang ist klein und nicht robust.

„Er soll nicht so viel üben", sagen viele. „Er ist ein schwächlicher Junge."

Sie denken: der lebt nicht lange.

Wolfgangs Vater Leopold ist Musiker. Er kann von der Musik leben. Für viele ist das ein Traum.

„Ganz glücklich bin ich nicht", sagt er zu seiner Frau. „Ich liebe die Musik. Ich wollte ein großer Komponist werden. Mein ganzes Leben habe ich Musik gemacht, und heute? Bin ich Salzburger Hofkomponist! Ein Provinzmusiker bin ich. Doch hat uns Gott ein Geschenk gemacht: einen wunderbaren Sohn. Er kann das werden, was ich nicht geworden bin. Ihm steht das offen, was mir verschlossen [1] blieb. Denn eins weiß ich genau: Unser Wolfgang ist ein Genie."

---

1. **verschlossen**: nicht offen, (*hier*): was ich nicht machen kann.

Textverständnis

1 Wähle die richtige Alternative.

1   Wolfgang Mozart ist
a ☐ im Winter   b ☐ im Sommer   c ☐ im Krankenhaus geboren.

2   Er beginnt mit
a ☐ drei   b ☐ vier   c ☐ fünf Jahren ein
Instrument zu spielen.

3   Es wird gleich klar, dass Wolfgang
a ☐ ein Genie   b ☐ ein normaler Junge   c ☐ ein braves Kind ist.

4   Wolfgang sieht
a ☐ stark   b ☐ schwach   c ☐ dumm aus.

5   Wolfgang komponiert schon mit
a ☐ vier   b ☐ fünf   c ☐ sechs Jahren.

2 Wie heißt ...

a   Wolfgangs Vater? ....

b   Wolfgangs Mutter? ....

c   Wolfgangs Schwester? ....

d   der Salzburger Fürstbischof? ....

3 Wie ist Salzburg? Suche Informationen im Text.

Wortschatz

1 Welches Wort passt nicht?

a   lehren   lernen   studieren   üben

b   stark   schwach   klein   dünn

c   lieb   schlecht   gut   schön

d   dumm   genial   sauber   klug

2 In ersten Kapitel kommen die Namen von drei Instrumenten vor: Klavier, Geige und Trompete. Findest du sie auf dieser Seite wieder? Welches Instrument passt zu welchem Bild?

A ☐   B ☐   C ☐

D ☐   E ☐   F ☐

1	Klavier	2	Geige	3	Trompete
4	Gitarre	5	Schlagzeug	6	Orgel

Grammatik

1 Setze die passenden Verben in der 3. Person Singular ein.

> *arbeiten — geben — lesen — sein (2x) — spielen — werden*

a Wolfgang ...... erst vier, aber er kann schon Noten ....

b Dieser Junge .... ein Genie. Er .... schon Konzerte!

c Mein Mann .... am Hof.

d Mein Bruder .... Klavier. Mein Vater ist sich sicher: Er .... ein großer Komponist.

2 Setze die folgenden Sätze ins Perfekt.

Wolfgang antwortet nicht. → *Wolfgang hat nicht geantwortet.*

a   Aus Theophilus wird bald Amadeus.

b   Mit sieben lernt Nannerl beim Vater Klavier spielen.

c   Wolfgang hat Recht.

d   Wolfgang lernt schnell.

e   Der Mann geht zu dem Jungen.

f   Er lacht.

g   Er liest die Noten.

h   Er gibt seinem Freund das Blatt.

Sprechen wir darüber?

1 Musik, Musik, Musik

a   Spielt die Musik eine wichtige Rolle in deinem Leben?
   ☐ ja   ☐ nein

b   Hörst du
   ☐ viel   ☐ wenig   ☐ keine Musik?

c   Was für Musik hörst du?
   ☐ Popmusik   ☐ Rockmusik
   ☐ Klassik   ☐ Jazz

d   Welche Sänger oder Gruppen magst du am liebsten?

e   Hast du schon einmal Musik von Mozart gehört?
   ☐ ja   ☐ nein

f   Wenn ja, hat sie dir gefallen?
   ☐ ja   ☐ nein

g   Spielst du ein Instrument?
   ☐ ja   ☐ nein

h   Wenn ja, welches Instrument spielst du?

i   Wenn nicht, welches Instrument möchtest du gern einmal spielen?

Kapitel 2
Ein Wunderkind

Wolfgang ist jetzt sechs Jahre alt. Da sagt Leopold eines Tages **zu seiner Frau:**

„Ich will nach Wien, mit dir und den Kindern. Dort, am Hof der Kaiserin können wir unser Glück machen. Da bin ich mir ganz sicher."

„Nach Wien? Das ist keine schlechte Idee", erwidert seine Frau. „Du weißt hoffentlich, was das heißt, so eine weite Reise?"

„Ja, natürlich", antwortet Leopold, „es ist nicht ungefährlich. Aber ich will es riskieren."

Reisen ist zu Mozarts Zeiten nicht einfach. Eine Fahrt von 70 Kilometern, von einer Stadt zur anderen, dauert zwölf Stunden. Das sind im Durchschnitt [1] sechs Kilometer pro Stunde! Warum ist das so? Eine Familie wie die Mozarts kann nur ein

---

1. **im Durchschnitt**: der mittlere Wert.

Wolfgang Amadeus Mozart

Verkehrsmittel nehmen: die Kutsche [1]. Die Straßen sind schlecht und voller Löcher. An allen wichtigen Wegen gibt es Räuberbanden [2]. Hotels, wie wir sie kennen, gibt es nicht. Nur einfache Poststationen, die oft schmutzig sind. Es gibt viele Gefahren. Nicht wenige Leute schreiben ihr Testament, bevor sie auf Reisen gehen.

Doch Leopold hat keinen Zweifel: Sie müssen nach Wien.

Wien ist die Hauptstadt des Habsburger Reiches [3] und ist weniger als zweihundert Kilometer von Salzburg entfernt. Die Mozarts fahren im September los.

In größeren Städten halten sie an. In Passau, in Linz und in Ybbs spielt der kleine Wolfgang vor einem begeisterten Publikum. Er spielt Klavier, aber auch Geige. Er spielt virtuos. In Ybbs spielt Wolfgang Orgel in einer Kirche der Franziskaner. Die Mönche sitzen gerade im Refektorium und essen.

„Diese Musik kommt vom Himmel!" ruft da einer von ihnen. Alle stehen auf und laufen schnell in die Kirche. Ein sechsjähriger Junge, sitzt an der Orgel. Die Mönche können es nicht glauben. Mit offenem Mund hören sie zu.

„Das ist ein Wunder", sagen sie.

Anfang Oktober, nach vierzehntägiger Fahrt, kommt Familie Mozart in Wien an. Dort hat man schon von Wolfgang, dem Wunderkind gehört. Alle wollen den Jungen spielen hören. Vor allem zwei Personen, die Kaiserin Maria Theresia und Kaiser

---

1. **e Kutsche(n)**: Wagen ohne Motor, von Pferden gezogen.
2. **e Räuberbande(n)**: Gruppe von Leuten, die anderen das Geld wegnehmen.
3. **s Habsburger Reich**: siehe Übungen Seite 30.

Ein Wunderkind

Franz. Sie laden Leopold mit seiner Familie nach Schloss Schönbrunn[1] ein.

Am 13. Oktober, um drei Uhr nachmittags, ist der ganze Hof im Großen Saal von Schloss Schönbrunn versammelt. Leopold kommt mit seinen beiden Kindern herein.

Nannerl spielt ein Stück auf dem Klavier. Die Leute applaudieren. Das Mädchen spielt wirklich sehr gut.

Aber dann fragt einer laut: „Und das Wunderkind? Wir wollen das Wunderkind spielen hören!"

Wolfgang steht auf und setzt sich ans Klavier. Seine kleinen Finger laufen über die Tasten. Er spielt mit Gefühl. Er spielt so virtuos wie ein großer Musiker. Nicht wie ein sechsjähriger Junge.

„Unglaublich!" Das Publikum ist außer sich. „Ein Wunderkind! So etwas hat es noch nie gegeben!"

Wolfgang spielt sein Stück zu Ende und geht zur Kaiserin. Er verneigt sich[2] vor ihr. Sie lächelt ihm zu. Der Kleine setzt sich der Kaiserin auf den Schoß[3] und gibt ihr einen Kuss.

Niemand denkt mehr an das Hofzeremoniell. Wolfgangs Spiel hat alle verzaubert[4].

„Kommt morgen wieder", sagt die Kaiserin zu Leopold und zu seinen Kindern.

Am nächsten Tag schenkt sie Wolfgang eine lila Uniform ihres

---

1. **Schloss Schönbrunn**: siehe Übungen Seite 20
2. **sich verneigen**: den Kopf nach unten halten.
3. **r Schoß ("e)**: zwischen Beinen und Bauch.
4. **verzaubert sein**: wie durch Magie verändert.

Wolfgang Amadeus Mozart

Sohnes Maximilian und Nannerl ein rosa Kleid aus Seide. Dem Vater gibt sie hundert Dukaten. Eine schöne Summe für einen Nachmittag.

„Jetzt können wir wieder nach Hause fahren", meint Wolfgangs Mutter.

„Nein, noch nicht", erwidert Leopold. „Hier können wir noch viel Geld verdienen. Ein paar Monate will ich noch bleiben!"

Wolfgang spielt noch oft. In den Häusern der Adligen [1] in Wien und in der Umgebung wollen alle das Wunderkind hören und sehen.

Zwei Wochen später erhält Leopold einen Brief der Kaiserin.

„Wir möchten Euch und Eure Wunderkinder bei Hofe haben", schreibt sie. Leopold nimmt natürlich an. Aber der kleine Wolfgang wird krank. Scharlach [2]. Man gibt ihm Magnesium, gekochtes Brot und Suppe. Nach ein paar Wochen ist er wieder gesund und gibt im Haus seines Arztes ein Konzert.

Die Reise Wolfgangs endet nicht in Wien. Bis Dezember ist er unterwegs und kommt bis Pressburg, dem heutigen Bratislava. Zu Weihnachten ist er wieder in Wien und zu Beginn des neuen Jahres hat Leopold viel Geld zusammen. Er kann eine Kutsche kaufen. Mit der fahren sie nach Salzburg zurück.

---

1. **r/e Adlige(n)**: Aristokrat.
2. **r Scharlach**: Krankheit.

Textverständnis

1 **Was ist richtig (R), was ist falsch (F)?**

		R	F
a	Wolfgang ist jetzt sechs Jahre alt.	☐	☐
b	Der Vater will nach Wien fahren.	☐	☐
c	Die Mutter ist dagegen.	☐	☐
d	Nur der Vater und Wolfgang machen die Reise.	☐	☐
e	Auf dem Weg nach Wien spielt Wolfgang vor einem begeisterten Publikum.	☐	☐
f	Die Mönche in Ybbs mögen Wolfgangs Musik nicht.	☐	☐
g	In Wien spielt Wolfgang vor dem Kaiser und der Kaiserin.	☐	☐
h	Die Kaiserin schenkt Wolfgang Geld.	☐	☐
i	Gleich danach fährt Mozart wieder nach Hause.	☐	☐
j	Die Mozarts bleiben ungefähr drei Monate in Wien.	☐	☐
k	Wolfgang hat großen Erfolg.	☐	☐

2 **Wer sagt was?**

a „Ein Wunderkind... So was hat es noch nie gegeben!" : ....

b „Ich finde es eine gute Idee nach Wien zu fahren, die Reise kann aber gefährlich sein." : ....

c „Diese Musik kommt vom Himmel." : ....

d „Wir möchten Euch und Eure Wunderkinder bei Hofe haben." : ....

1 die Kaiserin

2 die Mönche

3 das Publikum (die Leute)

4 Wolfgangs Mutter

3 Was machen die Leute, als ...

a Mozart nach Wien kommt?

b Mozart virtuos spielt?

c Mozart am Hof spielt?

d Mozart krank wird?

1 Man gibt ihm Magnesium, Brot und Suppe.

2 Die Leute applaudieren.

3 Die Kaiserin schenkt ihm 100 Dukaten.

4 Alle laden ihn ein.

4 „Reisen ist zu Mozarts Zeiten nicht einfach", steht im Text. Warum war das so schwierig?

a ☐ Es gibt viele Unfälle.

b ☐ Die Straßen sind schlecht und voller Löcher.

c ☐ Es gibt viel Verkehr.

d ☐ Man kann nur mit der Kutsche fahren.

e ☐ Räuber nehmen den Reisenden das Geld weg.

f ☐ Die Gasthäuser sind schlecht und schmutzig.

Wortschatz

1 Welches Wort passt nicht?

a ☐ Kind   ☐ Junge
  ☐ Mädchen ☐ Erwachsener

b ☐ Komponist   ☐ Kaiser
  ☐ Fürstbischof ☐ Prinz

c ☐ schön ☐ lila
  ☐ rosa   ☐ weiß

d ☐ Theater   ☐ Hotel
  ☐ Poststation ☐ Gasthaus

19

2 Schloss Schönbrunn in Wien von außen und innen.
Auf welchem Bild siehst du:

a ☐ den Audienzsaal
b ☐ den Garten
c ☐ den Kamin
d ☐ die Porträts von Kaiser und Kaiserin
e ☐ das Schlafgemach
f ☐ den Schlossplatz
g ☐ Wasserfontänen

3 Verbinde die Verben mit dem richtigen Synonym.

a	auf Reisen gehen	1	abfahren
b	erwidern	2	antworten
c	erhalten	3	klatschen
d	hereinkommen	4	bekommen
e	applaudieren	5	eintreten
f	rufen	6	geben
g	schenken	7	etwas laut sagen

Grammatik

1 Was passt? Das Verb *sitzen* oder *sich setzen*? Setze die Verben in der richtigen Form ein.

a   Die Mönche .... in der Kirche und hören Wolfgangs Musik.

b   .... auf diesen Stuhl!

c   Wolfgang .... auf dem Schoß der Kaiserin.

d   Warum .... du .... nicht hierher?

e   Du .... immer in deinem Zimmer. Warum gehst du nicht in den Garten?

2 Ergänze mit den folgenden Adjektiven im Komparativ.

gut – groß – lang – schnell – wenig

a   Diese Städte sind jetzt .... als vor zwei Jahrhunderten.

b   Wer spielt .... ? Wolfgang oder Nannerl?

c   Mozart verdiente .... als ein Kapellmeister.

d   Sie wollen .... in Wien bleiben.

e   Mit der Kutsche geht es .... als zu Fuß.

Kapitel 3
Auf Reisen

Die Familie bleibt nur kurze Zeit in Salzburg. Dann geht sie wieder auf Reisen. Mit ihrer neuen Kutsche fahren Mozarts Tausende von Kilometern durch ganz Europa.

Im Juni geht es los. Wolfgang ist sieben. Am Ende seiner Tour ist er zehn. Sein Leben ist ganz anders als das anderer Kinder. Er lernt sehr viele Leute kennen, auch bedeutende Musiker. Er sieht viele Städte und Länder, er wird in ganz Europa berühmt.

Wohin er auch kommt, Wolfgang spielt. Er spielt Klavier.

Er spielt mit verdeckten [1] Tasten. Er spielt mit verbundenen [2] Augen. Er spielt mit Leidenschaft vor einem immer neuen Publikum.

Wolfgang spielt in Augsburg (wo der 14jährige Goethe im Publikum sitzt), in Mannheim, in Mainz, Frankfurt, Bonn, Köln, Brüssel, Paris, Amsterdam, Lyon, Genf, Bern und Zürich.

---

1. **verdeckt**: kann man nicht sehen.
2. **verbunden**: (*hier*) ein Stück Stoff um den Kopf, so kann er nichts sehen.

Wolfgang Amadeus Mozart

Wolfgang ist ein Wunderkind, nicht nur, wenn er Klavier spielt. Sein Vater wiederholt es immer wieder, er sagt es jedem:

„Mein Sohn kann sich eine Melodie merken, die er nur einmal gehört hat. Mehr noch: er kann zu dieser Melodie eine Begleitung [1] finden, er kann stundenlang am Klavier improvisieren."

Wolfgang ist ein begabter [2] Pianist. Und im Komponieren wird er immer besser.

Mit acht hat er schon vier Sonaten für Klavier und Geige geschrieben. Es sind noch Übungen eines Schülers. Das hört man. Aber man hört auch den persönlichen Stil.

Wolfgang, das Wunderkind, spielt wie ein großer Meister. Wolfgang arbeitet hart und verdient viel Geld, wie ein Erwachsener. Aber er ist noch ein Kind.

Eines Morgens wacht er auf und weint.

„Was ist los?" fragt sein Vater. „Was hast du denn?"

„Meine Freunde will ich! Ich will einmal wieder mit meinen Freunden spielen. Ich will nach Hause, nach Salzburg."

Das sind nur kurze Krisen. Aber nur Reisen und Arbeiten, das weiß auch Leopold, ist nicht ganz das Richtige für ein Kind.

In Paris lädt Ludwig, der Fünfzehnte die Familie an den Hof von Versailles ein. Vierzehn Tage sind sie dort zu Gast. Die beiden Wunderkinder spielen dem König vor. Dann nimmt die ganze Familie am Sylvesterfest im Schloss teil. Königin Marie ruft Wolfgang zu sich.

„Erzähl mir etwas von dir und deiner Musik, Wolfgang", sagt sie.

---

1. **e Begleitung (en):** Variante der Melodie für ein anderes Instrument
2. **begabt:** talentiert.

Auf Reisen

Und der Junge steht, wie es das Hofzeremoniell will, vor der Königin und unterhält sich mit ihr.

Im Frühling sind die Mozarts noch immer in Paris. Leopold hat eine Idee:

„Meine Wunderkinder", sagt er, „können ein Konzert geben ... und das Publikum zahlt Eintritt!"

Das hat es noch nicht gegeben. Die Leute sollen Eintrittskarten für ein Konzert kaufen?

Es klappt [1]. Viele Menschen kommen zu Mozarts Konzerten. Die Wunderkinder sind für alle eine Sensation. Familie Mozart wird reich.

„Und jetzt fahren wir nach England", sagt Leopold.

Es ist das Jahr 1764. Sie sind in London.

London ist eine reiche und lebhafte Stadt. Es ist ganz anders hier als in Frankreich, in Deutschland, in Österreich.

London ist eine Metropole. In England hat schon die industrielle Revolution begonnen. Hier können viele Menschen lesen. Es gibt Zeitungen. Man schreibt über die Wunderkinder.

„Sensationeller Erfolg von Miss und Master Mozart!"
„Alles ausverkauft bei Konzert der Mozartkinder!"
„Mozarts geben im ganzen Land Konzerte!"
„Mozartkinder im Buckingham Palace!"

---

1. **es klappt**: es funktioniert.

Wolfgang Amadeus Mozart

Mozart spielt vor dem englischen König. Man legt ihm Notenblätter [1] vor. Stücke von berühmten Komponisten wie Johann Sebastian Bach, Carl Friedrich Abel und Georg Händel.

Wolfgang kennt die Stücke nicht. Doch er spielt sie perfekt.

„Was Wolfgang kann", schreibt der Vater in einem Brief „ist nicht zu glauben."

Als nächstes fahren sie nach Holland. Hier spielt Wolfgang nur wenig.

Eines Morgens wacht er auf und kann nicht aufstehen.

„Wolfgang ist krank!" ruft die Mutter. „Sehr krank!"

Er hat hohes Fieber und seltsame Flecken [2] auf dem ganzen Körper. Typhus! Tag und Nacht sitzen die Eltern an Wolfgangs Bett. Leopold ist außer sich.

„Mein Sohn darf nicht sterben! Wolfgang Mozart darf nicht sterben!" sagt er immer wieder. „Nicht Wolfgang Mozart! Zu groß ist sein Talent! Er muss musizieren, komponieren! Die Welt liegt ihm zu Füßen! Das darf nicht sein."

Pausenlos kommen Ärzte zu Mozarts. Sie tun, was sie können. Aber gegen Typhus hat die Medizin kein Mittel.

Das Wunder geschieht. Wolfgang wird wieder gesund.

Jetzt fahren Mozarts nach Hause. Der Junge braucht Ruhe.

---

1. **s Notenblatt ("er)**: auf diesem Stück Papier stehen die Noten.
2. **e Flecke (n)**: *(hier)* hier und da ist der Körper rot .

Textverständnis

1 **Weißt du die Antwort?**

a Wie lange bleibt Familie Mozart in Salzburg?

b Was macht Wolfgang in den verschiedenen Orten?

c Wie lange bleibt Mozart am Hof von Versailles?

d Haben Wolfgangs Konzerte Erfolg?

e Wo spielt Wolfgang in London?

f Was passiert am Ende ihres Aufenthaltes in dieser Stadt?

g Welche Etappen hat Mozarts Reise durch Europa? Nummeriere in der Reihenfolge:

2 Sein Vater sagt, dass Wolfgang nicht nur ein Wunderkind ist, wenn er Klavier spielt. Welche anderen Talente hat er noch? Kreuze an.

a ☐ Er spielt viele andere Instrumente.

b ☐ Er kann sehr gut Musik schreiben.

c ☐ Er kann sehr lange spielen, ohne müde zu werden.

d ☐ Er kann am Klavier improvisieren.

e ☐ Er kann sich jede Melodie merken.

3 1764 ist Familie Mozart in London. Was ist für sie neu an dieser Stadt?

Wortschatz

1 Verbinde, was zusammen passt.

a an einem Fest   1 spielen
b auf dem Klavier   2 fahren
c bei jemandem zu Gast   3 sein
d mit der Kutsche   4 teilnehmen

2 Was bedeuten diese Ausdrücke?

1 Die Welt liegt ihm zu Füßen.

  a ☐ Die Leute finden ihn wunderbar.

  b ☐ Die Leute sehen ihn gern an.

2 Wolfgang spielt wie ein großer Meister.

  a ☐ Er spielt für viel Geld.

  b ☐ Er spielt wie ein alter Mann.

  c ☐ Er spielt wie ein bedeutender Musiker.

3 Das hat es noch nicht gegeben.

  a ☐ Das wollen wir nicht.

  b ☐ Das ist etwas Neues.

  c ☐ Das gibt es nicht.

Grammatik

1 Setze *dürfen/können/müssen* in der richtigen Form ein.

Leopold Mozart spricht mit einem Freund:

„Mein Sohn (**1**) .... nicht sterben. Er (**2**) ....
leben, um Musik zu schreiben. Was Wolfgang (**3**) ....
ist nicht zu glauben. Ich bin sicher, dass die Ärzte etwas machen
(**4**) .... Ich glaube nicht, dass die Medizin etwas gegen
Typhus tun (**5**) ....“

2 Welches Wort passt?

Das Leben von Wolfgang ist (**1**) .... anders
(**2**) .... das anderer Kinder.

Er wird in (**3**) .... Europa berühmt. Alle wollen
(**4**) .... kennen lernen.

Er spielt (**5**) .... immer neuem Publikum.

(**6**) .... acht hat Mozart (**7**) .... vier Sonaten
geschrieben.

Er arbeitet und verdient Geld (**8**) .... ein Erwachsener.

1	☐ ganz	☐ nie	☐ viel
2	☐ wie	☐ als	☐ mit
3	☐ total	☐ all	☐ ganz
4	☐ ihm	☐ er	☐ ihn
5	☐ vor	☐ hinter	☐ im
6	☐ als	☐ am	☐ mit
7	☐ noch	☐ schon	☐ nie
8	☐ wie	☐ als	☐ mit

Ein bisschen **Geschichte**

Europa zu Mozarts Zeiten

Diderot

Voltaire

So sieht es in Europa in der zweiten Hälfte des achtzehnten Jahrhunderts aus: Österreich ist Teil eines riesigen Reiches (das Habsburger Reich), zu dem unter anderem Ungarn, Teile Polens, die heutige Tschechische Republik, die Slowakei und Serbien gehören. Der Kaiser von Österreich regiert alle diese Länder.

Anders ist es in Deutschland. Das Deutsche Reich ist wie Italien in viele kleine Staaten aufgeteilt. Die Monarchien Spanien, Frankreich und England sind dagegen große Staaten.

Das achtzehnte Jahrhundert ist für uns heute noch wichtig, denn in zwei großen Revolutionen entstehen die Prinzipien der modernen Demokratie. Es sind der Amerikanische Unabhängigkeitskrieg und die Französische Revolution.

Die Revolution in Amerika bricht 1775 aus und endet 1783 mit der Unabhängigkeitserklärung der USA. Die Französische Revolution beginnt im Jahre 1789.

Die Aufklärung entsteht in Frankreich. Philosophen wie d'Alembert, Diderot und Voltaire erklären Religion für Aberglauben und wollen, dass die Menschen frei und ohne Dogmen denken. Diese Philosophen schreiben ein großes Werk, die Enzyklopädie, mit dem sie die neue Welt des Wissens bekannt machen wollen. Die deutschen Aufklärer, Gotthold Ephraim Lessing und Immanuel Kant, sind relativ moderat. Lessing predigt Toleranz, Kant die Freiheit des Denkens und der Moral. *Sapere aude!* ist das Motto, das Kant der Aufklärung gibt. *Habe keine Angst, selber zu denken.* Von einer politischen oder sozialen Revolution wollen die deutschen Aufklärer nichts wissen.

Lessing

Kant

a Welche Länder gehören zum Habsburger Reich?

....

....

b Wie ist die Situation Deutschlands?

....

....

c Was sind die zwei wichtigen Revolutionen dieser Zeit?

....

....

d Wo beginnt die Aufklärung?

....

....

e Wie heißen die deutschen Aufklärer?

....

....

f Was ist für Kant das Motto der Aufklärung?

....

....

Hören

1 **Leute sprechen über ihre Reisen. Schreibe die Namen der Städte auf, in denen sie waren und trage die Infos ein. Höre den Text zweimal.**

	Städte	Informationen
Marlene		
Frank		
Georg		
Maria		

Kapitel 4

Lernen und arbeiten

Wolfgang ist wieder in Salzburg. Er bleibt fast ein Jahr dort. Die kleine Stadt ist geblieben, wie sie war. Aber Mozarts nicht.

Die Familie war jahrelang auf Reisen, hat die größten Höfe Europas besucht und vor Kaisern und Königen gespielt. Sie ist in ganz Europa berühmt.

„Salzburg ist langweilig und provinziell", beklagt [1] sich Wolfgang. „Ich will wieder fort, ich will reisen."

„Bald Wolfgang. Bald gehen wir wieder auf Reisen", sagt der Vater. „Aber erst musst du noch mehr lernen."

Das sagt Leopold auch seiner Frau: „Sicher, Wolfgang ist ein Wunderkind. Aber wer viel Talent hat, muss auch viel lernen und üben."

Wolfgang ist ein fleißiger Schüler. Er übt viel und verbessert seinen musikalischen Stil. Er lernt Mathematik und Fremdsprachen: Italienisch, Französisch, Englisch.

---

1. **sich beklagen**: lamentieren.

Lernen und arbeiten

Wolfgang ist elf Jahre alt. Er ist noch ein Kind. Aber ein besonderes Kind. In Salzburg hat er keine Freunde mehr. In diesen vier Jahren auf Reisen hat er jeden Kontakt verloren. Was soll ein Wunderkind auch mit den anderen Jungen seines Alters gemeinsam haben [1]?

Wolfgang findet es ganz normal, dass er mit den anderen Jungen nichts zu tun hat. Er lernt, er übt, er komponiert.

Nach fast einem Jahr in Salzburg geht es wieder los. Von neuem nach Wien. Aber die Atmosphäre hat sich sehr verändert. Kaiser Franz I. ist vor zwei Jahren gestorben. Der neue Kaiser, Maria Theresias Sohn, Joseph II., ist ein unsicherer Mensch und geizig [2].

Bei Hof finden die Wunderkinder wenig Interesse. Sie sind auch keine kleinen Kinder mehr. Nannerl ist jetzt sechzehn, Wolfgang fast zwölf Jahre alt. Nicht nur das. In Wien sind viele auf Mozarts Erfolg neidisch [3]. Viele ältere Musiker ärgern sich über das Talent und den Erfolg „dieses Jungen".

„Der spielt Musikstücke nach einmaligem Lesen, sagt er! Die hat er doch zu Hause geübt, das ist ja wohl klar!"

„Der komponiert auch, mit seinen elf Jahren? Das glaubt der doch selbst nicht. Diese Kompositionen hat ihm natürlich ein anderer geschrieben!"

Die letzte Woche in Wien. Der Kaiser stellt Wolfgang noch eine Frage:

„Komponierst du auch Opern?"

Wolfgang weiß nicht, was er antworten soll. Eine Oper? Er hat schon viel komponiert, aber an eine Oper hat er noch nie

---

1. **gemeinsam haben**: unter einem Aspekt identisch sein.
2. **geizig**: will nie Geld ausgeben.
3. **neidisch**: wer das haben oder sein will, was die anderen haben oder sind.

gedacht. Seinen Vater Leopold lässt die Idee nicht los.

„Weißt du, was dein Sohn in den letzten Jahren alles komponiert hat?" fragt er seine Frau.

„Ich habe keine Ahnung", antwortet sie.

„Hundert Stücke, Sonaten, Menuette, Symphonien, Präludien, Arien. Es fehlt eine Oper. Er soll es versuchen. Ich denke, er kann das", sagt Leopold.

„Eine Oper? Meinst du wirklich?" fragt seine Frau erstaunt [1]. „Eine Oper ist doch furchtbar schwierig!"

„Ja, es ist schwierig. Aber Wolfgang schafft das. Ganz sicher."

Und Wolfgang komponiert eine Oper.

Ganz ohne Fehler geht es nicht, aber das Werk ist schon sehr gut. Der Titel ist „La finta semplice". Das Libretto folgt einer Komödie des Italieners Carlo Goldoni. Aber die Wiener bekommen Wolfgangs erste Oper nicht zu sehen.

Man intrigiert gegen Mozart. Es sind die anderen Musiker in Wien. Leopold ärgert sich sehr: „Die sind nur neidisch".

Die Kaiserin hört von Leopolds Reaktion und ist irritiert. Von jetzt an ist auch sie gegen Mozart. Sie lädt ihn nicht mehr an den Hof ein, nicht einmal den Namen will sie mehr hören.

Trotz der schlechten Stimmung [2] arbeitet Wolfgang weiter. In Wien lebt der berühmte Arzt Anton Mesmer. Für ihn schreibt Wolfgang eine Kurzoper. Im Garten des Arztes wird sie aufgeführt [3] und ist ein großer Erfolg.

Aber nach ein paar Wochen fahren Mozarts zurück nach Salzburg. Wien ist nicht mehr die richtige Stadt für sie.

---

1. **erstaunen**: sich wundern, nicht glauben können.
2. **e Stimmung (en)**: Atmosphäre.
3. **aufführen**: im Theater oder Kino zeigen.

Textverständnis

1 **Was steht im Text?**

a ☐ Wolfgang bleibt fast ein Jahr in Salzburg.

b ☐ Wolfgang lernt viel.

c ☐ Wolfgang reist nicht gern.

d ☐ Wolfgang ist fleißig.

e ☐ Die Familie Mozart fährt nach Wien.

f ☐ Hier ist alles beim Alten geblieben.

g ☐ Mozart hat noch einmal viel Erfolg.

h ☐ Wolfgang ist jetzt elf Jahre alt.

i ☐ Die Oper, die Wolfgang komponiert, wird nicht aufgeführt.

j ☐ Die Kaiserin liebt Wolfgang sehr.

2 **Weißt du die Antwort?**

a Was sagt Wolfgang über Salzburg? Warum liebt er die Stadt nicht?

....

....

b Wolfgangs Vater möchte nicht, dass sie sofort weiterreisen. Warum nicht?

....

....

c Warum ärgern sich viele erwachsene Musiker über Wolfgang? Was sagen sie über ihn?

....

....

d Wie heißt Wolfgangs erste Oper?

....

....

Wortschatz

1 **Welches Wort passt nicht?**

a ☐ komponieren ☐ studieren ☐ sehen ☐ schreiben

b ☐ geizig ☐ spielen ☐ Geld sparen ☐ ausgeben

c ☐ Sonate ☐ Menuett ☐ Note ☐ Symphonie

d ☐ wieder ☐ von neuem ☐ noch einmal ☐ nie

e ☐ sich ärgern ☐ irritiert sein ☐ böse werden
☐ Interesse zeigen

2 **Welche Adjektive passen zu welchem Substantiv?**

a langweilig 1 Schüler

b fleißig 2 Komponist

c schlecht 3 Stimmung

d berühmt 4 Lektüre

e einmalig 5 Leben

Grammatik

1 **Ergänze mit den richtigen Präpositionen.**

Die Mozarts sind jahrelang (**1**) .... Reisen gewesen und sie sind (**2**) .... ganz Europa berühmt.

Wolfgang hat (**3**) .... den anderen Jungen nichts zu tun.

(**4**) .... einem Jahr in Salzburg geht es wieder los.

Leopold spricht (**5**) .... seiner Frau (**6**) .... Wolfgang.

Die Kaiserin hört (**7**) .... Leopolds Reaktion und (**8**) .... diesem Moment an ist auch sie gegen Wolfgang.

Sprechen wir darüber?

1 Als Wolfgang zurück nach Hause kommt, interessiert er sich nicht mehr für seine alten Freunde. „Was soll ein Wunderkind auch mit anderen Jungen seines Alters gemeinsam haben?"

Meinst du, dass jedes begabte Kind diese Distanz zu anderen hält? Denkst du, sie sind traurig darüber oder fühlen sich isoliert? Wie war das wohl für Mozart?

Ein bisschen Geschichte

Wer war Anton Mesmer?

Der Arzt Anton Mesmer (1734—1815) hat in Wien und später auch in Paris gearbeitet. Er wollte kranke Menschen mit Hilfe von Magneten und durch Hypnose wieder gesund machen. Mesmer lehrte, alle Menschen und Tiere seien durch einen animalischen Magnetismus verbunden. Seine Methode hat oft funktioniert. Heute sagt man, es hat funktioniert, weil seine Patienten und vor allem seine Patientinnen ihm geglaubt und ihn geliebt haben. Mesmer hat auch selbst oft gesagt, die Beziehung zwischen Patienten und Therapeuten ist das wichtigste. Ein sehenswerter Film dazu „Mesmer" von Roger Spottiswoode aus dem Jahr 1994, der das Leben des Arztes und Begründers des „Mesmerismus" erzählt.

38

Kapitel 5
In Italien

Lopold erzählt seinem Sohn oft von Italien.

„Die Italiener lieben die Musik. Da kannst du viel lernen, und sicher hast du dort viel Erfolg. Vielleicht findest du auch endlich eine feste Stelle als Kapellmeister."

„Fahren wir wieder los?" fragt Nannerl.

Nannerl ist jetzt siebzehn und sie hat keine Lust in Salzburg zu bleiben. Sie ist gern unterwegs und Italien möchte sie unbedingt sehen. Das Land der Sonne, der Blumen und der Liebe.

„Ja, aber du und die Mama, ihr müsst diesmal zu Hause bleiben", antwortet Leopold.

„Wir haben nur noch wenig Geld. Der Fürstbischof von Salzburg bezahlt mich nicht mehr. Ich bin zu selten in Salzburg. Wir müssen sparen."

Wolfgang Amadeus Mozart

Nannerl ärgert sich. Sie sagt dem Vater nichts, aber sie ist jetzt eifersüchtig[1] auf ihren Bruder.

Auf die Briefe, die ihr Wolfgang und Leopold in den nächsten Monaten aus Italien schicken, antwortet sie nicht.

Wolfgang und sein Vater fahren von Stadt zu Stadt. Sie kommen nach Mailand, nach Florenz, nach Rom, nach Neapel. In jeder Stadt spielt Wolfgang in den Häusern der Prinzen und der Fürsten. So lernt er auch hier viele Leute kennen.

In Florenz trifft er Thomas Linley: ein englisches „Wunderkind", genauso alt wie er selbst. Thomas spielt Geige. Er spielt wunderbar. Wolfgang und er werden Freunde. Manchmal spielen sie auch zusammen Geige.

Als Thomas nach England zurückfahren muss, bringt ihn Wolfgang noch bis vor die Tore[2] der Stadt Florenz.

Auch andere Musiker und Komponisten lernt Wolfgang kennen. Und von ihnen lernt er viel.

In Rom gibt der Papst den Mozarts eine Audienz. Leopold und Wolfgang sind sehr religiös. Erst Rom, die Heilige Stadt, dann noch den Papst sehen zu dürfen, das ist für sie beide fast unglaublich. Vom Papst bekommt Wolfgang eine Medaille für seine musikalischen Leistungen.

Die meisten Italiener können Mozarts Namen nicht richtig aussprechen. Wolfgang selbst variiert ihn immer wieder und hat viel Spaß dabei. Auf seine Briefe setzt er als Absender Amadeo de Mozartini. Manchmal stellt er sich selbst unter diesem Namen vor.

---

1. **eifersüchtig**: böse sein, weil er/sie eine/n andere/n ansieht, küsst, etc.
2. **s Tor (e)**: große Tür.

In Italien

Was denkt Wolfgang über Italien?

„Das Land ist sehr schön", schreibt er in einem Brief. „Aber seine Bewohner sind Schlafmützen [1] und sehr abergläubisch [2]."

Wolfgang sieht, die Leute in Italien arbeiten wenig. Aber warum nennt er sie „abergläubisch"?

In Neapel war etwas Seltsames passiert. Wolfgang hatte vor einem großen Publikum gespielt. An einer Hand trägt er einen Ring. Alle sehen auf diesen Ring.

„Was haben sie nur?" fragt er sich.

Er kann nicht hören, was sie leise sagen:

„Das ist ein Zauberring! Darum spielt der Junge so gut. Mit dem Ring kann das jeder!"

Nach ein paar Minuten beginnen die Leute auf Italienisch zu rufen: „Senza anello, senza anello!" [3]

Wolfgang versteht sie nicht. Da kommt sein Vater und nimmt ihm den Ring vom Finger. Wolfgang spielt weiter.

Endlich klatschen die Leute. Jetzt erst glauben sie es: Der junge Wolfgang ist ein Wunderkind.

Bald öffnen sich für Wolfgang die Tore auch in Mailand.

Er soll eine Oper schreiben und fängt sofort mit der Arbeit an. Er schreibt und schreibt. Er schreibt Noten, bis ihm die Finger weh tun. Es dauert nicht lange, da ist die Oper fertig. „Mithridates" ist ihr Titel.

Am 26. Dezember 1770 wird Mozarts Oper im Teatro Regio Ducale aufgeführt.

---

1. **e Schlafmütze(n)**: Person, die viel schläft.
2. **abergläubisch**: ist, wer an Geister und Magie glaubt.
3. **„Senza anello, senza anello!"**: Ohne Ring! Ohne Ring.

Wolfgang Amadeus Mozart

Der Opernbesuch ist zu Mozarts Zeiten etwas Anderes als heute. Die Leute hören nicht ruhig und passiv zu. Sie sitzen im Theater, unterhalten sich, essen, trinken, und spielen Karten. Nur manchmal ist das Publikum ruhig, wenn es etwas interessant findet. Das Publikum in der Oper, das war so wie heute die Leute, die zu Hause Radio hören.

Bei Mozarts Werk wird es oft still im Saal. Am Ende der Oper stehen die Leute auf und klatschen.

„Bravo, bravo!" rufen viele.

Wolfgangs Oper ist ein großer Erfolg. Der Stil ist neu. Das gefällt dem Publikum.

„Und er ist noch so jung!" sagt man. Das stimmt. Wolfgang ist erst vierzehn Jahre alt. Der jüngste Opernkomponist, der je gelebt hat.

Aber niemand will Wolfgang Mozart als Kapellmeister haben. Ein vierzehnjähriger Kapellmeister, das geht nicht, das ist zu riskant.

Bald fahren Vater und Sohn wieder nach Hause zurück, nach Salzburg. Nicht für immer, natürlich. Und Wolfgang kommt später in seinem Leben noch zweimal nach Italien.

Trotz seines Alters ist Wolfgang schon ein freier Künstler. Er lebt von seiner Musik, aber der Vater macht sich Gedanken.

„Wenn du keine feste Stelle findest, Wolfgang, dann sieht dein ganzes Leben so aus. Heute hier, morgen dort. Wenn dich jemand arbeiten lässt, verdienst du gutes Geld, wenn nicht ... musst du hungern."

Textverständnis

1 Was ist richtig?

1   Wer fährt nach Italien?

a ☐ Die Familie Mozart.

b ☐ Wolfgang und sein Vater.

c ☐ Wolfgang und seine Schwester.

2   In Italien spielt Wolfgang

a ☐ bei Adeligen und bei Konzerten.

b ☐ bei Adeligen und vor dem König.

c ☐ am Hof und bei Konzerten.

3   In Rom bekommt er eine Audienz

a ☐ beim Kaiser.

b ☐ bei wichtigen Leuten.

c ☐ beim Papst.

4   In Neapel denkt das Publikum bei einem Konzert, dass Mozart

a ☐ ein Magier ist.

b ☐ einen magischen Ring trägt.

c ☐ ein schlechter Pianist ist.

5   In Mailand wird eine Oper von Mozart

a ☐ zum ersten Mal

b ☐ zum zweiten Mal

c ☐ gar nicht aufgeführt.

2 Was denkt Wolfgang über Italien und die Italiener? Kreuze an, was im Text steht.

a ☐ Es ist ein schönes Land.

b ☐ Die Leute sind nett.

c ☐ Die Leute sind faul.

d ☐ Die Leute glauben an Magie.

e ☐ Er mag die Italiener nicht.

3 In welchen italienischen Städten halten sich die Mozarts auf ?

....

Wortschatz

1 Welche Wörter fehlen? Du findest sie im Text.

a Wenn die Leute an Magie glauben, sind sie *a* ....

b Nannerl möchte mit Wolfgang und Vater reisen, aber sie darf nicht, deshalb ist sie auf den Bruder *e* ....

c Leopold will für den Sohn eine feste Stelle als *K* .... finden.

d Das Publikum spricht nicht und hört zu. Es ist *r* ....

e Wolfgang spielt und komponiert, obwohl er noch so jung ist. Er ist ein *W* ....

2 Was bedeuten diese Ausdrücke?

1 Wolfgangs Vater macht sich Gedanken.
  a ☐ Er ist eifersüchtig.
  b ☐ Er ist traurig.
  c ☐ Er ist besorgt.

2 Er ist gern unterwegs.
  a ☐ Er reist viel.
  b ☐ Er reist gern.
  c ☐ Er verbringt viel Zeit im Theater.

3 Es dauert nicht lange, da ist die Oper fertig.
  a ☐ Er braucht wenig Zeit, um die Oper zu schreiben.
  b ☐ Die Oper dauert lange.
  c ☐ Nach kurzer Zeit ist die Oper zu Ende.

Grammatik

1 Ergänze mit dem passenden Relativpronomen.

a   Im Theater war es damals so wie jetzt bei Leuten, ... zu Hause Radio hören.

b   Mozart ist der jüngste Komponist, ... je gelebt hat. Er trifft Thomas Linley, mit .... er Freundschaft schließt.

c   Auf die Briefe, ... Wolfgang und Vater an Nannerl schreiben, antwortet sie nicht.

d   Die Leute in Neapel schauen auf den Ring, ... Wolfgang trägt.

e   Die Oper, ... im Teatro Regio aufgeführt wird, gefällt den Leuten sehr.

2 Setze die richtigen Adjektivendungen ein.

a   Nannerl sagt: Ich will auch bei dieser schön .... Reise mitfahren.

b   Leopold sagt: Mein genial .... Sohn ist schon ein frei .... Künstler, aber ich will eine fest .... Stelle für ihn.

c   Wolfgang sagt: Thomas ist ein englisch .... Wunderkind. Er ist ein gut .... Freund von mir.

Sprechen wir darüber?

Der Opernbesuch ist zu Mozarts Zeiten etwas anderes als heute. Lies noch einmal die Beschreibung des Opernbesuchs im Text und vergleiche mit dem Benehmen des heutigen Publikums. Wie ist es heute, wenn man ins Kino, ins Theater, zur Oper, zu einem Konzert geht? Hatte man früher mehr Spaß im Theater oder in der Oper als heute? Was gefällt dir besser? Ruhe und Konzentration oder Gespräche und lautes Lachen?

Hören

1 Höre dir die Radioreklame für drei verschiedene CDs an. Was ist richtig (R), was ist falsch (F)? Höre den Text zweimal.

			R	F
1	a	Hier werden zwei CDs mit klassischer Musik angeboten.	☐	☐
	b	Es sind die berühmtesten Melodien der berühmtesten Komponisten.	☐	☐
	c	Die Komponisten sind alle Deutsche.	☐	☐
	d	Man kann diese CD über Internet bestellen.	☐	☐
2	a	Die Musik, die hier angeboten wird, ist eine Mischung aus Filmmusik und Popmusik.	☐	☐
	b	Diese Musik hat beim Publikum großen Erfolg gehabt.	☐	☐
	c	Es ist auch Tanzmusik dabei.	☐	☐
	d	Sie ist ziemlich teuer.	☐	☐
3	a	In dieser Reklame wird keine Musik angeboten.	☐	☐
	b	Man kann die Stimmen der Philosophen hören.	☐	☐
	c	In dieser CD wird die Philosophie wichtiger Denker erklärt.	☐	☐
	d	Man kann etwas lernen, während man anderes tut.	☐	☐

Kapitel 6

Die erste Liebe: Aloysia

Mozart ist einundzwanzig. Er übt und spielt noch immer.

Aber vor allem komponiert er. Er komponiert viel, sehr viel. Er schreibt gute Musik. Einige seiner Kompositionen sind exzellent. Mehr als dreißig sind wirkliche Meisterwerke.

Heute spielen viele Orchester diese Stücke auf der ganzen Welt.

Aber Wolfgang behält einen Teil seiner Musik für sich. Warum? Warum veröffentlicht [1] er sie nicht? „Zu neu", weiß er. Ein Teil seiner Musik ist zu neu für das Publikum seiner Zeit.

Das meint auch sein Vater: „Deine Symphonien, mein Sohn, die können keinem Publikum auf Erden gefallen. Behalt die nur für dich. Lass sie in der Schublade."

---

1. **veröffentlichen**: dann kann es das Publikum lesen.

Die erste Liebe: Aloysia

Wolfgang ist jetzt Hofmusiker in Salzburg. Er musiziert für den neuen Erzbischof Hieronymus Colloredo. Für ihn muss er Orgel spielen und Kirchenmusik schreiben. Zufrieden ist er nicht.

„Diese Arbeit gefällt mir nicht", sagt er. „Ich bin hier nur ein Diener [1]. Und dann Salzburg, diese Provinzstadt! Ich langweile mich zu Tode. Die Leute hier wissen nichts und haben von nichts eine Ahnung, am wenigsten von Musik."

Im Jahre 1777 bricht Wolfgang wieder zu einer Reise auf. Diesmal fährt seine Mutter mit. Der Vater muss in Salzburg am Hof bleiben und arbeiten.

„Ich kann auch allein fahren", sagt Wolfgang. „Ich bin kein Kind mehr."

Aber Leopold sieht das anders.

„Nein", sagt er. „Deine Mutter fährt mit. Sie muss dir helfen. Geld wechseln, Koffer packen und alles, was so auf einer Reise passieren kann ... du hast ja keine Ahnung."

Vater und Sohn streiten eine Zeit lang. Aber der Vater behält Recht. Anna Maria, Wolfgangs Mutter, fährt mit.

Es sollte nur eine kurze Reise werden. Am Ende bleibt Wolfgang 16 Monate fort. Wolfgang fährt mit seiner Mutter nach München, von dort nach Augsburg, dann nach Mannheim.

In all diesen Städten gibt Wolfgang Konzerte, aber er bekommt kein Geld dafür. Geschenke gibt man ihm. Goldene Uhren und Dosen [2], nicht mehr.

„Eine feste Stelle hat hier auch niemand für mich", schreibt er seinem Vater.

---

1. **r Diener**(-): jemand, der für andere im Haus arbeitet.
2. **e Dose(n)**: aus Metall, da kann man etwas hineintun.

Wolfgang Amadeus Mozart

„Warum bist du dann noch dort?" antwortet ihm Leopold. „Fahr weiter!"

Warum bleibt Wolfgang in Mannheim? Er hat hier Freunde gefunden, und vor allem Freundinnen. Wolfgang hat Familie Weber kennen gelernt.

Der Vater ist ein guter, aber erfolgloser Musiker. Er hat eine Reihe von Töchtern. Die älteste heißt Aloysia und Wolfgang verliebt sich in sie.

Die zweite ist Constanze. Fünf Jahre später heiratet er Constanze, aber im Moment interessiert sie ihn nicht.

Die dritte Tochter, Josepha, wird als Sängerin in Mozarts „Zauberflöte" singen.

Sophie ist die vierte Tochter. An Mozarts letzten Tagen wird sie an seinem Bett sitzen.

Aloysia ist fünfzehn und Sopranistin. Mozart gibt ihr umsonst [1] Unterricht. Sie soll in seiner nächsten Oper singen. Zusammen geben sie auch Konzerte. Mozart liebt sie immer mehr.

Er erzählt Leopold von Aloysia. Der Vater ist außer sich. Er schreibt seinem Sohn einen bösen Brief:

„Was machst du noch immer in Mannheim? Fahr weiter! Was willst du denn, Wolfgang? Ein Leben in einem Zimmerchen voller hungriger Kinder? Oder willst du ein berühmter Mann werden? Fahr nach Paris, Wolfgang! Nach Paris!"

Diesmal macht Mozart noch, was sein Vater will, und fährt nach Paris. Aber auch dort findet er nicht die feste Stelle, die sich sein Vater für ihn wünscht. Das Publikum ist kühl. Für die Pariser Adligen ist ein Musiker nur ein Diener.

---

1. **umsonst**: gratis.

Wolfgang Amadeus Mozart

Wolfgang schreibt seinem Vater:

„Gestern war ich im Haus des Herrn T. Ich habe eine Stunde lang in einem kalten Zimmer warten müssen. Dann habe ich in einem anderen Zimmer vorgespielt. Es war voller Leute, voll von adligen Männern und Frauen. Glaubst du, dass sie mir zugehört haben? Nein, sie haben Karten gespielt ..."

Für Wolfgangs Mutter ist die Reise eine große Strapaze.

Oft geht sie nicht mit ihm in die Häuser der reichen Leute, sondern bleibt in dem Zimmer, das sie und ihr Sohn gemietet haben. Es ist kalt und dunkel dort. Sie isst wenig, weil sie nicht viel Geld haben.

Sie ist auch zu oft allein. Sie führt kein schönes Leben. Es ist anstrengend und ungesund. In Paris wird sie krank und stirbt.

Wolfgang ist traurig. Er geht aus Paris fort, zurück nach Mannheim. Doch Aloysia, seine große Liebe, wohnt nicht mehr dort. Sie lebt nun in München, wo sie als Primadonna singt. Wolfgang bleibt noch eine Zeit lang in Mannheim. Dann fährt er nach Salzburg zurück.

Textverständnis

1 Ergänze die Sätze der Zusammenfassung des Kapitels.

a   Mozart ist jetzt .... alt. Er komponiert viel, aber er
     behält einen Teil seiner Musik für sich, weil ....

b   Wolfgang hat eine feste Stelle: er ist ....

c   Diese Arbeit gefällt ihm aber nicht, weil ....

d   Mozart fährt wieder weg, aber ohne seinen Vater. Der muss
     .... , deshalb fährt er zusammen mit ....

e   Die Etappen seiner Reise sind: ....

f   In allen diesen Städten gibt Wolfgang Konzerte, aber ....

g   Wolfgang bleibt lange in Mannheim, weil ....

h   Er fährt dann weiter, weil der Vater ....

2 Zum ersten Mal spielen in Wolfgangs Leben fremde Frauen eine Rolle:
Aloysia, Constanze, Josepha und Sophie. Suche die Informationen im
Text und schreibe sie hier auf.

a   Aloysia: ....

b   Constanze: ....

c   Josepha: ....

d   Sophie: ....

3 Im letzten Teil des Kapitels geht es um den Aufenthalt Wolfgangs in
Paris. Was ist richtig (R), was ist falsch (F)?

		R	F
a	Wolfgang hat viel Spaß in Paris.	☐	☐
b	Wolfgang mag die französischen Aristokraten nicht.	☐	☐
c	Wolfgangs Mutter lebt allein in einer Wohnung.	☐	☐
d	Sie ist unglücklich.	☐	☐
e	Sie stirbt.	☐	☐
f	Wolfgang kehrt sofort nach Hause zurück.	☐	☐

Wortschatz

1 Welche von diesen Ausdrücken haben mit Reisen zu tun?

a ☐ Geld wechseln   b ☐ Tee und Kaffee trinken

c ☐ Fahrkarten kaufen   d ☐ im Hotel schlafen

e ☐ Städte besichtigen   f ☐ Fremdsprachen sprechen

g ☐ spazieren gehen   h ☐ schwimmen

i ☐ Postkarten schreiben   k ☐ Koffer packen

2 Die Gegenteile dieser Adjektive findest du im Puzzle.

> *arm − anstrengend − böse − dunkel*
> *kühl − kurz − ungesund − voll*

```
R  G  A  R  T  H  E
R  U  H  I  G  L  H
E  T  L  R  E  A  E
I  W  L  S  S  N  L
C  V  E  T  U  G  L
H  B  E  A  N  F  H
W  A  R  M  D  L  M
```

Grammatik

1 Ergänze mit dem passenden Reflexivpronomen.

Wolfgang behält einen Teil seiner Musik für (**1**) .... Auch sein
Vater empfiehlt ihm: „Schreib deine Musik nur für (**2**) .... !".
Er beschwert (**3**) .... wegen des Lebens in Salzburg. „Ich
langweile (**4**) .... zu Tode. Ich will weg." Während seiner Reise
hält er (**5**) .... in Mannheim auf und hier verliebt er
(**6**) .... in Aloysia. Will er (**7**) .... mit ihr verheiraten?
Wir wissen es nicht. Was wir wissen ist, dass sein Vater außer
(**8**) .... ist.

2 Setze das passende Personalpronomen im Dativ oder Akkusativ ein.

Die Mutter fährt zusammen mit Wolfgang und hilft (**1**) ....
während der Reise. In vielen Städten gibt Mozart Konzerte, aber die
Leute geben (**2**) .... kein Geld und er schreibt dem Vater, dass
es hier auch keine feste Stelle für (**3**) .... gibt. Der Vater
schreibt (**4**) .... , dass er weiterfahren soll. In Paris sagt er,
dass die Leute (**5**) .... nicht zuhören, wenn er vor
(**6**) .... spielt. Sie behandeln (**7**) .... wie einen Diener.

Sprechen wir darüber?

1 Ein Meisterwerk ist „was jeder bedeutend finden muss".
Kennst du Meisterwerke

der Malerei?
....
....

der Literatur?
....
....

der Musik?
....
....

des Films?
....
....

Kapitel 7
Die Rebellion

Wolfgang liebt Salzburg nicht. Das wissen wir. Und seine Arbeit als Kapellmeister bei Colloredo gefällt ihm auch nicht.

„Hier", sagt er dem Vater. „können die Leute mit meiner Musik nichts anfangen."

Aber der Vater reagiert nicht. Er ist froh, dass sein Sohn wieder zu Hause ist. Seine Frau ist tot. Wenigstens ist er wieder mit seinen Kindern zusammen. Für ihn ist auch etwas anderes wichtig: Wolfgang hat hier eine feste Stelle.

Leopold denkt immer ans Geld und ist auch sehr sparsam[1].

Wolfgang komponiert in dieser Zeit vor allem Kirchenmusik. Vielleicht sind für ihn nach dem Tode der Mutter religiöse Themen besonders wichtig.

---

1. **sparsam**: gibt nicht viel Geld aus.

Die Rebellion

Aber der Frieden [1] im Hause Mozart dauert nicht lange. Eines Tages zeigt Wolfgang seinem Vater einen Brief.

„Lies nur", sagt er begeistert. „Man will mich in München! Ich soll eine Karnevalsoper schreiben."

Leopold ist nicht begeistert.

„So. Nach München willst du also?"

„Natürlich!" ruft Wolfgang.

„Und was sagt dein Herr dazu, Colloredo?"

„Colloredo ist nicht mein Herr. Er ist der Mann, für den ich arbeite", erwidert Wolfgang. „Natürlich muss ich es ihm sagen. Ich gehe zu ihm. Mach dir keine Gedanken."

Leopold weiß nicht, was er sagen soll.

Sein Sohn hat noch immer nicht verstanden, dass ein Musiker für die Großen dieser Erde so etwas wie ein Diener ist. Vielleicht will er es nicht verstehen.

„Du hast nur wenig Zeit für eine Oper", sagt Leopold. „Glaubst du, du schaffst das?"

„Aber sicher", antwortet Wolfgang. „Zeit ist kein Problem. Nicht für mich."

Hat sein Vater vielleicht vergessen, dass er ein Genie ist?

Wolfgang schreibt die Karnevalsoper. Sie trägt den Titel „Idomeneo" und hat großen Erfolg.

Sechs Monate bleibt er in München. Er ist noch dort, als er erfährt, dass Kaiserin Josepha von Österreich gestorben ist. Könige und Fürsten aus ganz Europa fahren nach Wien, gefolgt von ihrem Hofstaat.

---

1. **r Frieden**: es gibt keinen Konflikt (mehr).

Wolfgang Amadeus Mozart

Auch Mozart fährt nach Wien. Erzbischof Colloredo, sein „Herr", wünscht ihn dort zu sehen. Und er ist außer sich.

„Sechs Monate lang warst du fort und die ganze Zeit habe ich dich bezahlt", sagt er ihm. „Jetzt bleibst du bei mir. Fürst Galitzin hat mich eingeladen. Dort wirst du vorspielen!"

„Natürlich komme ich mit", antwortet Mozart und lächelt.

Er weiß: der Fürst hat nicht den Erzbischof eingeladen, sondern ihn, Mozart. Er ist viel berühmter als dieser geistlose [1] Colloredo.

Am nächsten Tag fahren Colloredo und Mozart zum Hause des Fürsten. Mozart geht in den Saal. An der Tür steht, wie immer bei Empfängen [2] zu dieser Zeit, der Zeremonienmeister. Wenn ein neuer Gast kommt, ruft er laut dessen Namen.

Aber Mozart bleibt nicht stehen, um ihm seinen Namen zu sagen. Er geht einfach weiter, in den Saal hinein, zum Fürsten. Er verneigt sich vor ihm und setzt sich auf seinen Platz, den Ehrenplatz [3]. Den Fürsten stört das nicht. Mozart ist ein bedeutender Komponist und braucht sich nicht an das Zeremoniell zu halten.

Doch der Erzbischof glaubt seinen Augen nicht. Was erlaubt sich dieser Musikant?

„Du bist frech und ein Idiot bist du auch!" sagt Colloredo zu Mozart, als sie unter sich sind. „Nächste Woche kommst du mit mir nach Salzburg. Hier bleibst du nicht länger!"

Mozart sagt nichts. Seinem Vater schreibt er:

„So geht es nicht weiter. Ich will nicht zurück nach Salzburg und ich will auch nicht bei Colloredo bleiben!"

---

1. **geistlos**: dumm.
2. **r Empfang ("e)**: offizielles Fest.
3. **r Ehrenplatz ("e)**: Platz für besondere Person.

Wolfgang Amadeus Mozart

Aber der Vater will von Wolfgangs Problemen nichts wissen:

„Bei Colloredo hast du eine feste Stelle. Eine Lebensstelle.

So etwas findest du nicht so leicht wieder. Du kannst nicht einfach weggehen!"

Wolfgang folgt dem Rat seines Vaters. Er versucht es nach einmal.

Nach ein paar Monaten - immer wieder hat er mit Colloredo gestritten - ist klar, dass es wirklich nicht so weiter geht. Er muss fort. Er ist kein Diener. Er ist ein großer Musiker, ein großer Komponist.

„Wenn Euch so vieles an mir stört, lasst mich gehen. Ihr braucht mich doch gar nicht", sagt Wolfgang zu Colloredo.

„Dann geh!" sagt er. „Und lass dich hier nie wieder blicken!"

„Adieu", erwidert Wolfgang. „Was Ihr wollt, ist ein Lakai [1]. Da bin ich nicht der Richtige. Ich bin Musiker."

Auf der Straße, endlich allein und ohne Herrn, springt und tanzt Mozart.

„Endlich frei!" denkt er.

---

1. **r Lakai (en)**: Diener.

Textverständnis

1 **Was ist richtig (R), was ist falsch (F)?**

		R	F
a	Wolfgang möchte die Arbeit bei Colloredo aufgeben.	☐	☐
b	Wolfgang ist sehr sparsam.	☐	☐
c	Er komponiert viel Kirchenmusik.	☐	☐
d	Wolfgangs Vater ist zufrieden, dass sein Sohn bei ihm bleibt.	☐	☐
e	Wolfgang fährt nach München, um ein Konzert zu geben.	☐	☐
f	Wolfgang sieht in Colloredo seinen Herrn.	☐	☐
g	Der Titel der neuen Oper ist „Idomeneo".	☐	☐
h	Mozart bleibt sehr kurz in München.	☐	☐
i	Von München fährt Wolfgang nach Wien.	☐	☐
j	Hier trifft er Colloredo.	☐	☐

2 **Im zweiten Teil des Kapitels geht es um die Beziehung zwischen Mozart und Colloredo. Ergänze den folgenden Text, der sich darauf bezieht.**

Colloredo wartet in Wien auf Mozart. Er ist auf ihn böse, weil
(1) ....
Sie sind bei einem Fürsten eingeladen, wo Mozart vorspielen soll.
Mozart lächelt, weil er weiß, dass der Fürst **(2)** ....
.... Im Haus des Fürsten geht
Mozart in den Saal und dann **(3)** ....
.... Colloredo wird sehr böse und sagt
Wolfgang, dass er **(4)** ....
.... Die Streitereien zwischen Wolfgang und
Colloredo hören nicht auf. Deshalb sagt Mozart Colloredo, dass
(5) ....
Jetzt ist Mozart **(6)** ....

Wortschatz

1 Suche im Text Ausdrücke, die dieselbe Bedeutung haben.

a Wolfgangs Mutter ist gestorben. ....

b Leopold ist nicht froh. ....

c „Glaubst du, du kannst das tun?" ....

d Die Oper hat den Titel „Idomeneo" ....

e Colloredo will Mozart in Wien sehen. ....

f „Du kannst deine Stelle nicht aufgeben". ....

2 Kreuze die richtige Antwort an.

1 Schaffst du das?

a ☐ Ja, natürlich.　**b** ☐ Doch, natürlich.　**c** ☐ Nein, natürlich.

2 Wird dein Meister nicht böse?

a ☐ Ja, bitte.　**b** ☐ Doch, das wird er.　**c** ☐ Nein, danke.

3 Lass dich nie wieder sehen!

a ☐ Ja.　**b** ☐ Nein.　**c** ☐ Adieu.

Grammatik

1 Wie heißt das fehlende Wort?

Wolfgang arbeitet als Kapellmeister (**1**) .... Colloredo, aber seine Arbeit (**2**) .... ihm nicht. (**3**) .... er einen Brief aus München (**4**) .... , fährt er dorthin. Er (**5**) .... eine Karnevalsoper komponieren. Sein Vater ist (**6**) .... besorgt. Was (**7**) .... sein Herr dazu sagen? Mozart fährt (**8**) .... München und hier hat seine Oper großen Erfolg. (**9**) .... München bleibt er lange, dann fährt er nach Wien, (**10**) .... Colloredo auf ihn wartet. Am nächsten Tag fahren Mozart und Colloredo (**11**) .... Fürsten und hier setzt sich Wolfgang (**12**) .... den Ehrenplatz.

1	☐ beim	☐ bei	☐ mit		
2	☐ mag	☐ liebt	☐ gefällt		
3	☐ während	☐ als	☐ obwohl		
4	☐ wird	☐ bekommt	☐ schreibt		
5	☐ möchte	☐ darf	☐ soll		
6	☐ sehr	☐ mehr	☐ viel		
7	☐ will	☐ wird	☐ darf		
8	☐ nach	☐ in	☐ aus		
9	☐ nach	☐ im	☐ in		
10	☐ wie	☐ wer	☐ wo		
11	☐ nach	☐ in	☐ zum		
12	☐ in	☐ auf	☐ zu		

Sprechen wir darüber?

1 Leopold Mozart weiß, dass sein Sohn ein Genie ist, aber für ihn hat er nur ein Ziel: eine feste Stelle. Das ist nicht nur typisch für die Zeit. Auch jetzt wollen/suchen viele Jugendliche eine feste Stelle. Warum?

Was bedeutet (auch heutzutage) ein Freelancer, ein Freiberufler zu sein?

Was sind die Nachteile und die Vorteile eines freien Berufs?

Ist eine feste Stelle auch für dich wichtig?

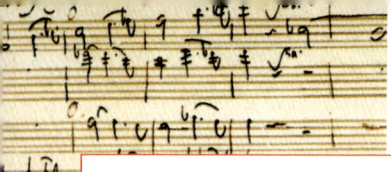

Deutsche *Musik*

Die Deutschen, ein sehr „musikalisches" Volk

Die Deutschen sind ein sehr „musikalisches" Volk. In fast jedem kleinen Dorf gibt es einen Chor, in vielen Kirchen finden Konzerte statt.

J.S. Bach   L. van Beethoven   F. Schubert   C.M. von Weber

Die Komponisten

Viele bedeutende Komponisten kommen aus Deutschland oder aus Österreich: Johann Sebastian Bach, George Friedrich Händel, Franz-Joseph Haydn, Wolfgang Amadeus Mozart, Ludwig van Beethoven, Robert Schumann, Franz Schubert, Franz Liszt, Richard Wagner, Gustav Mahler, Alban Berg, Carl Orff u.a.

Sie sind auch heute nicht nur in Deutschland, sondern auf der ganzen Welt berühmt und ihre Werke werden oft gespielt.

 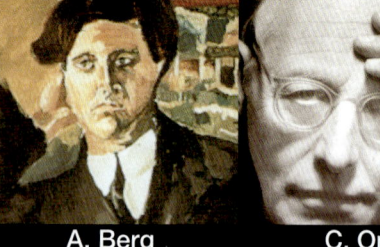

R. Wagner   G. Mahler   A. Berg   C. Orff

Die moderne deutsche Musik

Doch gibt es auch eine moderne deutsche Musik ... Popmusik, die in vielen Ländern ihr Publikum findet. Denken wir nur an die Gruppe Scorpions, an Nina Hagen und an Nena (*99 Luftballons*), die in den achtziger Jahren berühmt waren, oder an Pioniere der elektronischen Musik wie Kraftwerk (*Ich bin ein Roboter*).

Aus Österreich kam der Sänger Falco. Wer ist Falco?

Vielleicht kennst du den Namen nicht, aber sicher hast du schon einmal seine Musik gehört.

Er ist der Autor und Sänger von sehr berühmten Liedern wie *Rock me*, *Amadeus* und *Der Kommissar*. Falco ist leider schon mit vierzig gestorben.

Und welche berühmten Gruppen gibt es heute?

Deutscher Punk ist noch immer ein Exportprodukt. Die Toten Hosen und Rammstein haben in ganz Europa viele Fans.

Was hört man heute

Derzeit sind in Deutschland, in Österreich und in der Schweiz Madonna, Eminem und Eros Ramazotti angesagt. Aber auch der deutschsprachige Rapper Xavier Naidoo, deutsche Teenie-Gruppen wie Tokio-Hotel und natürlich die Gruppen Silbermond und Rosenstolz.

Xavier Naidoo

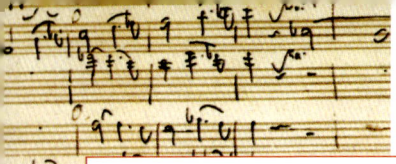

1 **Weißt du die Antwort?**

1 Die Deutschen sind ein sehr musikalisches Volk und

   a ☐ hören viel Musik.

   b ☐ gehen zu Konzerten.

   c ☐ singen in Chören.

   d ☐ besuchen Musikschulen.

2 Kennst du die Namen von mindestens drei Komponisten der klassischen Musik?

   ....

3 Und berühmte Vertreter der deutschen modernen Musik?

   ....

4 Wer war Falco? Wie heißen seine bekanntesten Lieder?

   ....

5 Heute hört man in Deutschland, Österreich und in der Schweiz

   a ☐ Musik verschiedener Art und Nationalität.

   b ☐ hauptsächlich deutschsprachige Musik.

   c ☐ nur englischsprachige Musik.

   d ☐ fast nur italienische Musik.

Kapitel 8

Constanze und Leopold

1782 ist Mozart in Wien. Sein Vater ist immer noch böse, weil er  **seine feste Stelle aufgegeben¹ hat. Aber Wolfgang ist glücklich. Für ihn beginnt jetzt ein neues Leben. Allein.**

Auch seine Freunde aus Mannheim, Familie Weber, ist in Wien. Der Vater lebt nicht mehr, doch die Mutter und die vier Töchter wohnen jetzt hier.

Die älteste Tochter Aloysia ist die bestbezahlte Sängerin der Stadt. Wolfgang ist immer noch ein wenig in sie verliebt. Aber sie ist jetzt verheiratet.

„Lieber Wolfgang", sagt Frau Weber eines Abends. „Bei uns ist ein Zimmer frei."

---

1. **aufgeben**: nicht weiter machen.

Wolfgang Amadeus Mozart

Wolfgang bleibt bei Familie Weber.

Constanze ist die jüngere Schwester von Aloysia. Sie ist zwanzig, Wolfgang fünfundzwanzig. Er denkt bald nicht mehr an Aloysia. Er verliebt sich in Constanze.

„Ein unverheirateter Man ist nur ein halber Mann", schreibt er seinem Vater.

Der Vater versteht sofort. Wolfgang will heiraten. Leopold hat Constanze nie gesehen, aber weiß, dass sie arm ist und alles andere interessiert ihn nicht.

„Sei nicht dumm", schreibt er seinem Sohn. „Du glaubst, sie liebt dich? Diese Frau will doch nur unter die Haube kommen [1]!"

„Das ist nicht wahr!" antwortet Wolfgang. „Constanze ist lieb und hat das beste Herz der Welt. Es stimmt: sehr schön ist sie nicht und oft ist sie auch nicht sehr elegant. Aber ist das so wichtig? Sie liebt mich und ich liebe sie."

Wolfgang möchte nicht gegen den Willen seines Vaters heiraten. Aber da ist nichts zu machen. Leopold will diese Hochzeit nicht akzeptieren. Und Wolfgang heiratet trotzdem.

Mit seiner jungen Frau lebt Wolfgang Mozart in einem schönen Haus.

Im Moment verdient Wolfgang als Komponist recht gut. Er hat ein halb komisches, halb ernstes Singspiel geschrieben: „Die Entführung aus dem Serail".

Er hat viel Erfolg. Seine Musik ist neu, explosiv. Das Publikum applaudiert, auch Kaiser Joseph II. ist dabei.

---

1. **unter die Haube kommen**: (*heute ironisch*) einen Mann finden und heiraten.

Wolfgang Amadeus Mozart

Auch Konzerte mit Mozarts neuer Musik kommen beim Publikum an. In ganz Wien spricht man davon. Diese Musik ist neu, ist anders, ist ... genial.

Mozarts Finanzprobleme sind mit dem Erfolg nicht gelöst.

Es gibt noch keine Autorenrechte [1]. Komponisten bekommen für die erste Aufführung ihrer Werke Geld, aber jeder andere darf ihre Musik dann spielen, ohne etwas dafür zu bezahlen. Nur selten werden die Partituren gedruckt und verkauft. Jeder Komponist muss also ohne Pause Neues produzieren, um Geld zu verdienen.

Ein anstrengendes Leben für den jungen Mozart, der jetzt, 1783, auch eine Frau und ein Kind hat.

Das schreibt er auch seinem Vater. Der ist noch immer böse auf seinen Sohn, aber Wolfgang liebt seinen Vater.

„Ich habe oft so viel zu tun, dass ich nicht weiß, wo mir der Kopf steht. Den ganzen Vormittag über gebe ich Stunden, dann essen wir. Nach dem Essen eine kurze Pause und dann schreibe ich, vor allem abends, doch oft muss ich Konzerte geben."

1784 besucht er den Vater in Salzburg, zusammen mit seiner Frau. Jetzt freut sich auch Leopold über die junge Familie. Doch das Glück dauert nicht. Ihr Kind wird krank und stirbt. Wolfgang und Constanze sind sehr traurig.

Das geschieht oft zu Mozarts Zeiten. Viele Menschen sterben, bevor sie erwachsen werden.

Die folgenden Jahre sind die produktivsten in Mozarts Leben.

---

1. **s Autorenrecht (e)**: Geld, das der Autor eines Buches, Musikstückes etc. bekommen muss.

Constanze und Leopold

Er schreibt seine wichtigsten Werke und wunderschöne Symphonien. Er gibt auch viele Konzerte. Er hat Erfolg.

Und doch ... es geht nicht so, wie Mozart wünscht. Die Wiener kommen gern zu seinen Konzerten, aber andere Komponisten, wie Salieri und Sarti, gefallen ihnen besser.

„Meine Musik ist ihnen zu schwierig", sagt Wolfgang seiner Frau.

„Aber sie lieben deine Opern! Weißt du noch, wie sie bei der „Entführung aus dem Serail" applaudiert haben?"

„Das schon. Aber seitdem hat niemand mehr eine Oper von mir haben wollen. Dabei schreibe ich so gern Opern!"

Endlich, im Jahre 1785, bekommt er wieder einen Auftrag [1], eine Oper zu schreiben, „Die Hochzeit des Figaro". Lorenzo da Ponte, der berühmteste Librettist der Zeit, schreibt das Libretto.

„Die Hochzeit des Figaro" wird eine ganz besondere Oper. Sie basiert auf einer Komödie des Franzosen Pierre de Beaumarchais und ist etwas ganz Neues ... Es gibt keine Klassenunterschiede [2] mehr, Herren und Diener, Aristokraten und einfache Leute, alle sind in dieser Komödie gleich wichtig.

„Die Hochzeit des Figaro" ist ein revolutionäres Werk, zu revolutionär für das Wiener Publikum. Trotz der wunderbaren Musik Mozarts gefällt die Oper den Leuten nicht.

Nach der Aufführung der „Hochzeit des Figaro" sind für Mozart in Wien die Türen verschlossen.

Die traurigste Zeit seines Lebens beginnt. Erfolg hat er erst wieder später, in anderen Städten.

---

1. **r Auftrag ("e)**: jd. sagt ihm, dass er das machen soll (für Geld).
2. **r Klassenunterschied (e)**: Differenzen zwischen Sozialklassen.

Textverständnis

1 Beantworte folgende Fragen zum ersten Teil des Kapitels.

a   Wo wohnt Mozart jetzt?

b   Mit wem lebt er zusammen?

c   In wen ist Wolfgang immer noch verliebt?

d   Aber wen heiratet er?

e   Warum ist Wolfgangs Vater gegen die Ehe?

f   Wann heiratet Mozart?

g   Wie heißt das letzte Singspiel Wolfgangs?

h   Hat die Aufführung von „Die Hochzeit des Figaro" Erfolg?

2 Constanze ist die Frau, die Wolfgang heiratet. Schreibe alle Informationen auf, die du über sie hast.

Sie heißt Constanze (**1**) .... Sie ist (**2**) .... Jahre alt. Sie hat (**3**) .... Schwestern. Wolfgang sagt von ihr, sie sei (**4**) .... und habe das (**5**) .... Herz der Welt. Sie sei aber nicht sehr (**6**) .... und nicht sehr (**7**) ....

3 Trotz seines Erfolgs hat Wolfgang immer Geldprobleme. Warum?

....

....

4 Wie verbringt Wolfgang in Wien seine Tage? Was macht er?

a   ☐   Er komponiert.

b   ☐   Er lernt Musik.

c   ☐   Er unterrichtet.

d   ☐   Er geht tanzen.

e   ☐   Er gibt Konzerte.

f   ☐   Er geht spazieren.

g   ☐   Er besucht Lokale.

5 Wolfgang hat Erfolg. Und doch ... es läuft nicht so, wie Mozart es sich wünscht. Was stimmt nicht?

....

....

6 Mozart schreibt eine neue Oper. Was weißt du darüber?

a Die Oper heißt ....

b Sie basiert auf ....

c Sie ist revolutionär, denn ....

Wortschatz

1 Ergänze mit dem passenden Verb.

> *applaudieren — ein gutes Herz haben*
> *heiraten — verdienen — verliebt sein*

a Ich mag ihn — nein, mehr! Ich .... in ihn
....

b Ich möchte mit ihr eine Familie gründen, ich möchte sie
....

c Sie ist sehr lieb, sie ....

d Es gab damals keine Autorenrechte, das heißt die Autoren
.... kein Geld für ihre Musik, wenn andere Leute sie
spielten oder druckten.

e Beim Konzert waren die Leute mit der Musik zufrieden und sie
....

Grammatik

1 Setze die folgenden Sätze ins Perfekt oder ins Präteritum wie im Beispiel.

Mozart gibt seine Stelle auf. → *Mozart gab seine Stelle auf./*
Mozart hat seine Stelle aufgegeben.

a 1784 besucht Wolfgang den Vater in Salzburg.

b Der Vater freut sich über die junge Familie.

c Ihr Kind wird krank und stirbt.

d Wolfgang schreibt seine wichtigsten Werke.

e Er gibt auch zahlreiche Konzerte.

f Die Wiener kommen gern zu seinen Konzerten, aber andere Komponisten gefallen ihnen besser.

g Im Jahre 1785 bekommt er den Auftrag, eine Oper zu schreiben.

h Es wird eine ganz besondere Oper.

Schreiben

1 Mozart wird bekannt. Du siehst hier Bilder von bekannten Persönlichkeiten der Vergangenheit und der Gegenwart. Sie kommen alle aus Deutschland, aus Österreich oder aus der Schweiz.

Kennst du sie? Schreibe auf, was du über sie weißt.

a ....

b ....

c ....

e ....

f ....

Sprechen wir darüber

1 Ein unverheirateter Mann ist nur ein halber Mann, schreibt Wolfgang an seinen Vater. Kannst du diesen Satz mit deinen Worten erklären? Bist du mit dieser Aussage einverstanden?

2 Mozarts Sohn stirbt. Im Text steht: „Das geschieht oft zu Mozarts Zeiten. Viele Menschen sterben, bevor sie erwachsen werden". Kannst du Gründe für diese Aussage angeben?

Bücher, Filme und Kommerz rund um Mozart

Mozart war schon zu Lebzeiten sehr berühmt, sollte es später aber noch mehr werden. Heute ist Mozart neben Beethoven und Bach sicher der bekannteste Komponist der Welt.

Viele Schriftsteller haben über Mozart geschrieben, Stendhal zum Beispiel, der die Musik des österreichischen Genies liebte. Oder Alexander Puschkin. Der Russe hat im Jahre 1830 die Erzählung *Mozart und Salieri* veröffentlicht. Er erzählt dort, dass Salieri Mozart ermordet habe, weil er auf dessen Erfolg neidisch war. Diese (historisch nicht sehr plausible) Hypothese hat auch der Regisseur Milos Forman in seinem Film *Amadeus* aufgenommen.

Der Mozartfilm:
Amadeus von Milos Forman
(1984)

Barbara Krafft, **Porträt von Wolfgang Amadeus Mozart** (1819)

Unbekannter Künstler, **Porträt von Antonio Salieri**

Der Film aus dem Jahr 1984 ist wohl der berühmteste Mozartfilm. Es handelt sich um eine frei nacherzählte Biographie. Mozart erscheint hier als spontanes und etwas kindisches, aber musikalisch unglaublich begabtes Genie.

Sein Gegenspieler im Film ist Antonio Salieri, der Hofmusiker der Wiener Kaiserin, der auf Mozart neidisch ist, weil der schönere Musik schreibt.

Im Finale des Films ist Salieri der geheimnisvolle schwarz gekleidete Mann, der bei Mozart das Requiem in Auftrag gibt. Mozart glaubt, der Geist seines Vaters stehe in der Tür und strengt sich beim Komponieren sehr an – zu sehr.

Der Film hat acht Oscars bekommen und ein weltweites Mozartfieber ausgelöst. Auch wer noch nie klassische Musik gehört hatte, wollte auf einmal Mozarts Musik kaufen. Noch mehr Touristen als zuvor reisten nach Salzburg. Eine Stadt, die vielen auch wegen der romantischen Atmosphäre gefällt.

Österreich feierte am 27. Januar 2006 den 250. Geburtstag Mozarts, des, wie man heute auch dort sagt, bekanntesten Österreichers aller Zeiten. In Wien und in Salzburg gab es viele Initiativen, Veranstaltungen und natürlich Konzerte. Die Stadt Salzburg hat hundert Millionen Euro für das neue Mozarthaus ausgegeben. Dort wurden während des Festivals zweiundzwanzig Werke Mozarts aufgeführt, mehr als je zuvor.

Und überall verkauft man die Mozartkugeln, kleine gefüllte Schokoladenkugeln. Die sind sehr lecker, aber Vorsicht: wenn sie nicht frisch sind, werden sie steinhart. Aber das ist nicht alles, was man mit Hilfe von Mozarts Namen verkauft. Ein Bier trägt jetzt den Namen Mozart Gold, einen Mozartwein gibt es auch und wer einen Plüsch-Mozart möchte, braucht nicht lange zu suchen. Regenschirme, Krawatten, Unterhosen, Feuerzeuge … im Jahre 2006 ließ sich mit Mozarts Gesicht fast alles verkaufen.

1 **Weißt du die Autwort?**

    a   Mozart ist sehr berühmt. Wer sind die anderen berühmten deutschen Komponisten?

        ....

    b   Welche Schriftsteller haben über Mozart geschrieben?

        ....

    c   Wann war der 250. Geburtstag Mozarts?

        ....

d Wie heißt der Regisseur des Mozartfilms?

....

e Ist der Film originalgetreu?

....

f Wer ist Mozarts Antagonist im Film?

....

g Wie viele Oscars hat der Film bekommen?

....

2 **Und du?**

a Hast du den Film gesehen?

☐ ja   ☐ nein

b Wenn ja, hat er dir gefallen?

☐ ja   ☐ nein

c Wer oder was hat dir gefallen?

☐ die Hauptfiguren

☐ die Atmosphäre

☐ die Musik

☐ die Handlung

☐ die Schauspieler

d Welche Mozart-Souvenirs kennst du ?

Kapitel 9
Die großen Opern

1787. Wolfgang hat eine Familie. Eine Frau und zwei Kinder. Jetzt wohnen sie in einem kleineren Haus. Wolfgangs Vater Leopold ist nach langer Krankheit gestorben. Für Wolfgang ist das ein schwerer Schlag. Sein Vater war für ihn jahrelang der wichtigste Mensch auf der Welt gewesen. Er hat ihn sehr geliebt, auch wenn sie oft gestritten haben.

Wolfgang gibt nicht viele Konzerte. Er findet keine Mäzene [1] mehr. Die Wiener Adligen lieben seine Musik nicht mehr. Vielleicht hat sie ihnen nie wirklich gefallen, war nur eine Mode, als Mozarts Name in aller Munde war. Das ist jetzt nicht mehr so.

Doch ist die Karriere des großen Komponisten noch nicht zu Ende. Im Gegenteil …

Mozart bekommt eine Einladung nach Prag.

„Sie schreiben, „Die Hochzeit des Figaro" hat bei ihnen großen

---

1.   **r Mäzen (e):** der Sponsor.

Die großen Opern

Erfolg", erzählt er seiner Frau.

„Und was wollen sie von dir?"

„Sie wollen, dass ich dabei bin und selbst spiele. Sie wollen Mozart sehen und hören."

Mit seiner Frau fährt er nach Prag, der Hauptstadt Böhmens.

Die gehört zu dieser Zeit zum Habsburger Reich und ist nach Wien und Budapest die drittgrößte Stadt dieses riesigen Reiches.

Wolfgang besucht die Aufführung des „Figaro". Es ist ein Triumph.

„Hier lieben sie deine Musik, siehst du?" sagt Constanze zu ihrem Mann.

„Ja. Hier ja."

Wolfgang spielt am Ende der Aufführung selbst. Er improvisiert, wie nur er es kann. Länger als eine halbe Stunde.

Was ist mit dem Publikum? Es tobt vor Begeisterung. Die Leute applaudieren stehend, sie rufen laut:

„Bravo, bravo! Ein Genie!"

Vielleicht ist das der schönste Tag in Wolfgangs Leben. So ein begeistertes Publikum hat er noch nie gesehen. Und noch etwas. Bevor Mozart Prag verlässt, bekommt er den Auftrag für eine weitere Oper, „Don Giovanni".

Die Reise von Prag nach Wien mit der Kutsche dauert drei Tage. Auf dieser Fahrt haben Wolfgang, seine Frau und ihr Diener Joseph viel Spaß. Sie geben sich Spitznamen [1]. Wolfgang Pùnkiti, Constanze Shlaba-Pumfa, Joseph Sagadratà. Mozart lacht gern und macht immer Witze [2].

---

1. **r Spitzname (n)**: privater Name, den andere einer Person geben.
2. **r Witz (e)**: erzählt man, damit die anderen lachen.

Wolfgang Amadeus Mozart

Mozart, das Genie, hat sein Leben lang hart und viel gearbeitet, auch als Kind. Deshalb ist er der Mozart geworden, den wir alle kennen. Und wer so konzentriert arbeitet, braucht Momente, in denen er Spaß haben und sich gehen lassen kann.

Eines Tages, zu Gast bei Adeligen, spielt Mozart auf dem Klavier eine Arie aus dem „Figaro". Plötzlich hört er auf.

„Wie langweilig!" Er springt auf die Sofas und auf die Tische.

„Miau miau", schreit er, wie ein wildes Kind.

Was Mozart uns sagen will: ich bin ein bedeutender Musiker, das wissen wir alle, aber ich bin auch ein Kind und ihr alle seid so wie ich. Ihr seid Erwachsene, aber ihr seid auch wie Kinder. Und Wolfgang war immer beides gewesen. Als Kind hat er leben müssen wie ein Erwachsener. Als Erwachsener bleibt er Kind.

„Don Giovanni" wird im größten Theater Prags aufgeführt. Don Giovanni, der große Verführer [2]. Halb ist es eine Komödie, halb eine Tragödie.

Don Giovanni ist ein großer, starker Mann der weiß, was er will. Die Handlung ist kompliziert, das Ende dämonisch. Die Musik donnert, als Don Giovanni in die Hölle kommt.

Am Ende der Premiere applaudiert das Publikum endlos lange. Ein sensationeller Erfolg. Auch Giacomo Casanova, der berühmte italienische Verführer, ist unter den Zuschauern.

Die Prager möchten, dass Mozart in ihrer Stadt bleibt. Aber er will nach Wien zurück. Das ist seine Stadt, dort steht sein Haus, dort leben seine Familie und seine Freunde.

---

1. **nicht zurecht kommen**: sich nicht orientieren können, nichts richtig machen.
2. **r/e Verführer/in (=/nen)**: Person, die andere zu unmoralischen Aktionen verleitet.

Wolfgang Amadeus Mozart

Auch in Wien wird der „Don Giovanni" aufgeführt. Hier hat die Oper keinen großen Erfolg.

„Die Oper ist wunderschön, aber für die Wiener ist sie zu schwierig. Die mögen lieber leichtere Musik."

Trotzdem wird die Oper fünfzehn Mal im Burgtheater aufgeführt. Auch in Wien hat Mozart sein Publikum.

Wolfgang arbeitet weiter. Er komponiert Tänze für den Hof, er schreibt Konzerte. Er dirigiert Musik von Bach. Er schreibt noch eine große Oper „Die Zauberflöte".

Heute ist es eine seiner schönsten und beliebtesten Opern. Nicht aber zu Mozarts Lebzeiten. Der große Erfolg bleibt aus.

Wolfgang arbeitet viel, ohne Pause, und verdient recht gut. Aber er gibt auch viel Geld aus. Wie? Das wissen wir nicht genau. Es heißt, er verlor viel Geld beim Glücksspiel [1] und gab es auch für Frauen aus. Ob das stimmt? Vielleicht war seine Frau nicht sehr sparsam. Sicher ist nur, dass Wolfgang Mozart, als er stirbt, ein armer Mann ist.

1.   **s Glückspiel (e):** Roulette, Poker, Lotto.

Textverständnis

1 Beantworte folgende Fragen.

Mozart schreibt in dieser Zeit drei große Opern. Wie heißen sie?

a ....

b ....

c ....

2 Alle diese Opern werden in Wien aufgeführt. Haben sie großen Erfolg?

a ☐ ja   b ☐ nein   Warum (nicht)?

....

3 In welcher anderen Stadt werden die beiden ersten Opern aufgeführt?

....

4 Welche dieser Opern ist heute am berühmtesten?

....

5 In diesem Kapitel geht es auch um den Charakter von Mozart. Welche
von diesen Adjektiven passen am besten auf ihn?

a	☐ ernst	b	☐ lustig
c	☐ fleißig	d	☐ faul
e	☐ kindisch	f	☐ wild
g	☐ dumm	h	☐ mutig

6 Mozart lässt seine Opern auch in anderen Städten aufführen, aber er kehrt immer wieder nach Wien zurück. Warum?

a ☐ Er liebt Wien.
b ☐ Seine Freunde leben da.
c ☐ Er lebt dort mit seiner Familie zusammen.
d ☐ Das Wiener Publikum liebt seine Musik ganz besonders.

7 Mozarts finanzielle Lage wird immer schwieriger. Es gibt eine Reihe von Vermutungen (Hypothesen) zu diesem Problem. Welche?

a ☐ Er gibt viel fürs Reisen aus
b ☐ Er verliert viel Geld beim Glücksspiel.
c ☐ Er lebt in einem großen Haus und hat viele Diener.
d ☐ Seine Frau gibt zu viel aus.

Wortschatz und Grammatik

1 Lückentest

Die Reise (**1**) .... Prag....... Wien (**2**) .... dauert drei Tage. (**3**) .... der Reise haben Wolfgang, seine Frau und ihr Diener Joseph (**4**) .... Spaß.

Sie geben (**5**) .... Spitznamen. Mozart lacht gern und macht immer Witze. So (**6**) .... wir ihn aus dem Film von Forman, „Amadeus". Formans Mozart ist ein musikalisches Genie und ein Dummkopf im praktischen Leben. (**7**) .... Kind...... Erwachsener, kommt er im Privatleben nicht zurecht.

Was Mozart uns sagen (**8**) .... , ist: ich bin ein bedeutender Musiker, das wissen wir alle, aber ich bin (**9**) .... ein Kind und ihr alle seid so (**10**) .... ich. Ihr seid Erwachsene, aber ihr seid auch wie Kinder. Und Wolfgang war immer beides gewesen.
(**11**) .... Kind hat er leben müssen wie ein Erwachsener. Als Erwachsener (**12**) .... er Kind.

1	☐ seit ... nach	☐ von .... nach	☐ aus ... in
2	☐ in der Kutsche	☐ im Auto	☐ im Pferd
3	☐ seit	☐ während	☐ wegen
4	☐ viel	☐ sehr	☐ groß
5	☐ sie	☐ ihnen	☐ sich
6	☐ wissen	☐ erfahren	☐ kennen
7	☐ halb/halb	☐ ganz/ganz	☐ entweder /oder
8	☐ muss	☐ darf	☐ will
9	☐ auch	☐ nicht	☐ nie
10	☐ als	☐ wie	☐ mehr
11	☐ als	☐ wie	☐ mehr
12	☐ lebt	☐ hat	☐ bleibt

Hören

13 **1** **Gespräche über Mozart. Höre den Text zweimal.**

a Ist die zweite Sprecherin positiv, negativ oder skeptisch?

☐ Dialog **1**

☐ Dialog **2**

☐ Dialog **3**

b Was kritisieren, was loben die Sprecherinnen?

....

....

c Wann und wo sprechen die Personen? In Prag oder in Wien? Im achtzehnten Jahrhundert oder heute ?

....

....

Kapitel 10
Der Tod

Dezember 1791. Es schneit und ist kalt. Sehr kalt. 14

So kalt wie an jenem Januarmorgen, vor fünfunddreißig Jahren, als Mozart geboren wurde.

Ein Arzt kommt ins Haus. Er ist elegant, ein Arzt für Reiche.

In dem Haus, in das er jetzt kommt, wohnen keine reichen Leute. Es ist auch nicht sehr sauber und ordentlich. Aber in diesem Haus wohnt Mozart. Wolfgang Amadeus Mozart. Der Arzt kennt ihn. Er ist bei Mozarts Konzerten gewesen. Er hat auch den „Don Giovanni" gesehen.

Wunderschön.

Er kommt zum vierten Mal.

„Bezahlen können sie mich sicher nicht", denkt er.

Aber das ist ihm egal. Das ist eben kein normaler Patient. Sein Name ist Mozart. In Wien ist er jetzt nicht mehr sehr berühmt. Viele Wiener haben den Namen schon wieder vergessen. Der Arzt

Der Tod

nicht. Er liebt die Musik und er weiß: Mozart ist der bedeutendste Komponist der Stadt, ja des Landes.

Frau Mozart wartet schon. Sie ist besorgt.

„Es geht ihm nicht gut", sagt sie. „Er isst nur wenig, er schläft schlecht, aber er schreibt und schreibt ..."

„Er soll sich doch ausruhen!" sagt der Arzt.

„Ich weiß, aber er denkt nicht daran. Er muss fertig werden, sagt er nur."

„Fertig womit?"

„Mit einem Werk."

Diesmal antwortet nicht Constanze. Es ist ein Mann, der da spricht. Er ist um die fünfzig Jahre alt, sehr elegant, aus gutem Hause, kein Zweifel.

„Guten Tag, Herr Doktor", sagt er.

„Ich bin ein Freund von Herrn Mozart. Mein Name ist Joseph Haydn."

„Haydn..." Der Arzt kennt den Namen. „Sie sind doch ... ein Musiker, ein Komponist. Wie der Herr Mozart."

„Ja ja. Komponist bin ich auch. Aber so bedeutend wie Mozart bin ich nicht."

Der Arzt untersucht[1] Mozart.

Als er aus dem Zimmer kommt, warten Frau Mozart und Haydn auf ihn.

„Es geht ihm schlecht", informiert sie der Arzt. „Sagen Sie es ihm doch bitte auch: er muss sich ausruhen. Er darf nicht so viel arbeiten."

„Das werde ich ihm sagen. Und er wird nicht auf mich hören."

„Was schreibt er denn, wenn ich fragen darf?"

---

1. **untersuchen**: genau ansehen, für eine Diagnose.

Wolfgang Amadeus Mozart

„Ein Requiem …"

„Ein Requiem? Für einen Fürsten? Für den Kaiser?"

„Nein, besser gesagt, ich weiß es nicht. Ich glaube, er weiß es selbst nicht. Er hat etwas von einem Herrn gesagt, einem schwarz gekleideten Herrn…"

Drei Tage später ist Wolfgang tot. Das Requiem, an dem er Tag und Nacht gearbeitet hat, ist nicht fertig geworden.

Es ist der 5. Dezember 1791.

Constanze hat kein Geld für ein Grab [1].

Die Stadt Wien lässt Wolfgang Amadeus Mozart in einem Massengrab beerdigen [2].

1. **s Grab ("er)**: da liegen die Toten.
2. **beerdigen**: unter die Erde bringen

Textverständnis

1 Was ist richtig (R), was ist falsch (F)?

		R	F
a	Es ist Herbst, aber schon kalt.	☐	☐
b	Wolfgang ist sehr krank.	☐	☐
c	Ein Arzt kommt regelmäßig zu Besuch.	☐	☐
d	Der Arzt bewundert Mozarts Musik.	☐	☐
e	Mozart hat Besuch von einem Freund.	☐	☐
f	Mozart arbeitet nicht, er liegt im Bett.	☐	☐
g	Mozart stirbt und wird in einem Massengrab beerdigt.	☐	☐

2 Wer ist Joseph Haydn? Was erfahren wir über ihn?

....

....

3 Mozart arbeitet an einem Requiem. Für wen schreibt er?

....

....

4 Ist das Requiem fertig, als Mozart stirbt?

....

....

5 Wann stirbt Mozart?

....

....

Das Mozarthaus

Über Mozarts Leben weißt du jetzt schon viel. Hast du Lust, eins der wichtigsten Mozart-Museen zu besichtigen? Wir haben für dich ein neues Museum ausgewählt. Es liegt in Wien. Hier hat, wie du gelesen hast, Mozart lange Zeit gelebt.

a Schreibe in die Maske einer Suchmaschine die Schlüsselwörter *Mozarthaus* und *Wien*. Eine der Webseiten aus dem Suchergebnis bringen dich zum Mozarthaus von Wien.

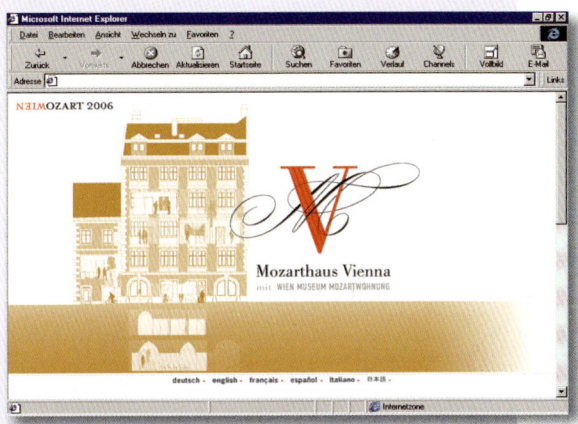

Klicke auf die Webadresse und lies den ersten Teil der Vorstellung des Mozarthauses.

Beantworte jetzt folgende Fragen.

1. Wie heißt die Straße, in der sich das Haus befindet?

2. Wie lange hat Mozart dort gelebt?

3. Wo beginnt der Besucher seinen Rundgang?

b Klicke auf „das neue Mozartmuseum".
Beginne mit dem 3. Stock. Lies nur die Titel der Präsentation.
Was steht
- im 3. Stock? ....
- im 2. Stock? ....
- im 1. Stock? ....

Woran bist du am meisten interessiert? Warum?

....

....

....

1 Mozart ist ein Wunderkind. In welchem Alter beginnt er

   a Klavier zu spielen? ....

   b allein zu lernen? ....

   c Musik zu schreiben? ....

   d zu reisen und vor einem Publikum zu spielen? ....

2 Mozart reist viel, aber lebt hauptsächlich in zwei Städten. In welchen?

   ....

3 In welchen Ländern spielt er?

   a ☐ Deutschland   **b** ☐ Frankreich   **c** ☐ England

   d ☐ Dänemark   **e** ☐ Schweden   **f** ☐ Belgien

   g ☐ Holland   **h** ☐ Italien   **i** ☐ Spanien

   j ☐ Griechenland   **k** ☐ Schweiz

4 In welchem Land wird seine erste Oper aufgeführt?

   ....

5 Wo (in welchem Land) wird er wie ein Diener behandelt?

   ....

6 Als er Kapellmeister wird, bleibt er lange Zeit in seiner Heimatstadt. Aber er ist unzufrieden. Warum?

   a Er verdient zu wenig Geld.

   b Er muss mit dem Vater und der Schwester zusammen leben.

   c Seine Arbeit interessiert ihn nicht.

7 Mozart arbeitet immer viel, aber er wird nicht reich. Warum nicht?

   ....

8 In welcher Stadt hat Mozart in der letzten Phase seines Lebens den größten Erfolg?

....

9 Woran stirbt Mozart?

a durch einen Unfall   b wegen Armut

c an einer Krankheit   d er wird ermordet

10 Welche Aspekte von Mozarts Leben sind in unserer Biografie wichtig?

a die Liebe zur Welt   b die Genialität

c die Dummheit   d der Ehrgeiz

e die Tüchtigkeit   f das Interesse an den anderen Leuten

g die Liebe für die Musik

11 Nicht nur Mozart tritt in unserer Erzählung auf, sondern auch andere Personen. Weißt du noch, wer? Schreib neben jeden Namen die Rolle der Person.

1 Leopold ....

2 Nannerl..

3 Anna Maria ....

4 Constanze ....

5 Aloysia...

6 Colloredo ....

7 Thomas Linley..

8 Joseph Haydn..

a ☐ seine Frau   b ☐ sein Vater

c ☐ ein Freund von ihm   d ☐ seine Schwester

e ☐ ein Freund Komponist   f ☐ sein Arbeitgeber

g ☐ seine Mutter   h ☐ eine Frau, in die er verliebt ist

95

12 Welche Person hat deiner Meinung nach den größten Einfluss auf Mozart gehabt?

....

13 Mozart hat sehr viel komponiert. In der Biographie werden die Titel seiner Opern genannt. Erinnerst du dich an mindestens zwei Titel?

....